市政公路识图从入门到精通

陈雪斌　著

中国建筑工业出版社

图书在版编目（CIP）数据

市政公路识图从入门到精通 / 陈雪斌著. — 北京：
中国建筑工业出版社，2023.7（2025.8重印）
ISBN 978-7-112-28751-2

Ⅰ. ①市… Ⅱ. ①陈… Ⅲ. ①市政工程－道路工程－
工程制图－识图 Ⅳ. ①U415.12

中国国家版本馆 CIP 数据核字（2023）第 097372 号

本书由陈雪斌著，结合各类图纸及实物图片，系统讲解了从零基础到精通过程中
如何看懂施工图纸以及掌握构造原理，全程采用多套正在建设中的施工蓝图进行编写，
能够真正让读者学会市政和公路图纸及构造原理。本书涵盖识图基本知识、道路工程、
管网工程、桥涵工程等，读者学习后不仅可以轻松看懂整套市政和公路施工图纸，还
能彻底掌握各种构件的原理，从而成为市政公路工程行业识图高手。

本书适合零基础需要系统学习市政和公路施工图纸识图的相关从业人员。

本书中未特别注明，单位均为 mm。

责任编辑：徐仲莉　张　磊
责任校对：姜小莲
校对整理：李辰馨

市政公路识图从入门到精通

陈雪斌　著

*

中国建筑工业出版社出版、发行（北京海淀三里河路 9 号）
各地新华书店、建筑书店经销
北京红光制版公司制版
建工社（河北）印刷有限公司印刷

*

开本：787 毫米×960 毫米　1/16　印张：8¾　字数：147 千字
2023 年 7 月第一版　2025 年 8 月第三次印刷
定价：**48.00** 元
ISBN 978-7-112-28751-2
（41193）

目 录

第 3 章

第 4 章

第1章 识图基本知识

1. 图纸单位

在市政公路工程图纸中，长度和宽度一般表示为 cm，但是也有特殊的，例如管道的直径一般表示为 mm，标高的单位表示为 m。这时要认真看一下图纸标注的单位，如图 1-1 所示。

附注：

1、图中尺寸除管径以毫米为单位外，其余均以厘米为单位。

图 1-1 图纸右下角标注单位

2. 工程符号

用于绘制工程图纸中的一些标识和符号，以表示不同的对象和特征。以下是常见的工程符号：

（1）道路符号：包括道路中心线、车行道边缘线、路缘石、人行道等。

（2）管道符号：包括雨水管、污水管等。

列举常见的市政公路工程图纸符号如图 1-2～图 1-6 所示。

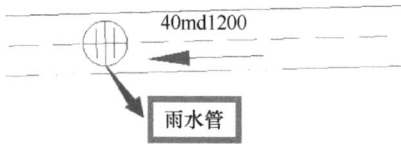

图 1-2 雨水管符号

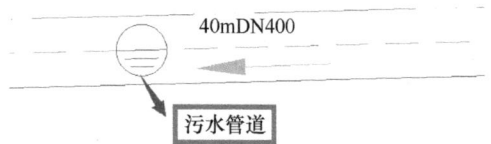

图 1-3 污水管道符号

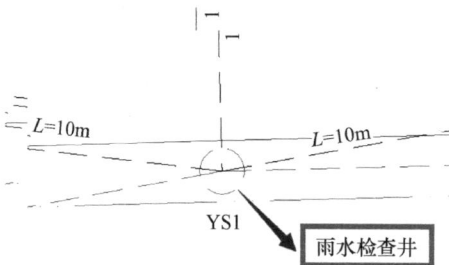

图 1-4 雨水检查井符号

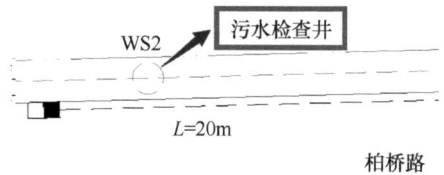

图 1-5 污水检查井符号

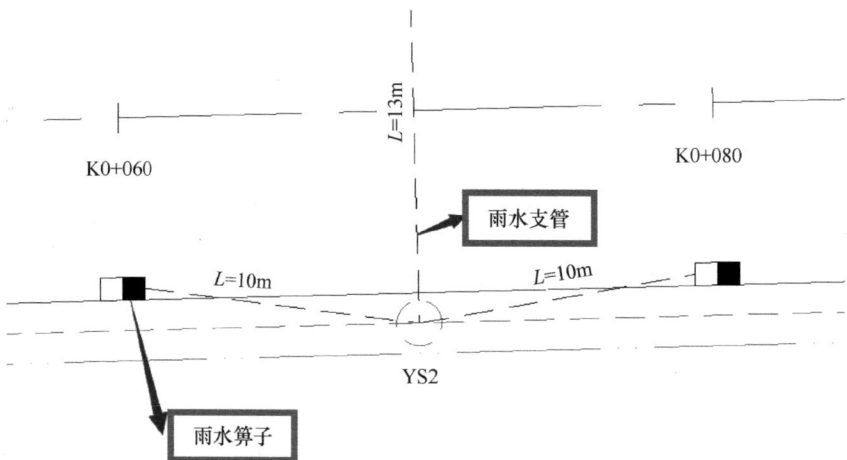

图 1-6 雨水箅子和雨水支管符号

3. 坡度

坡面的垂直高度（h）和水平宽度（L）的比值称为坡度（或坡比），坡面与水平面的夹角称为坡角，一般记作 α。

设坡角为 α，坡度为 k，则 $k = h : L = \tan\alpha$。

坡度一般写成 $1 : m$ 的形式，其中 $m = 1/k$，m 称为边坡系数，如图 1-7 所示。

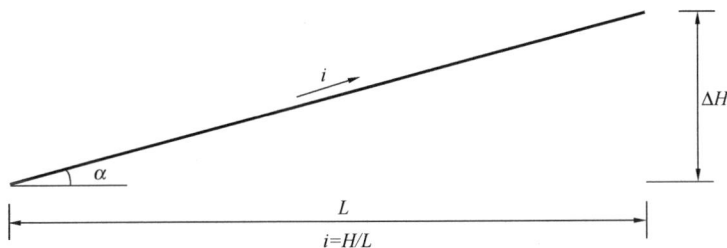

图 1-7　坡度计算原理

例如标准横断面图中，斜坡的坡度是 $2.0\% = H/L = 12/600$，其中 2.0% 的上坡表示在 6m 的水平道路上行走，高度增加了 0.12m，如图 1-8 所示。

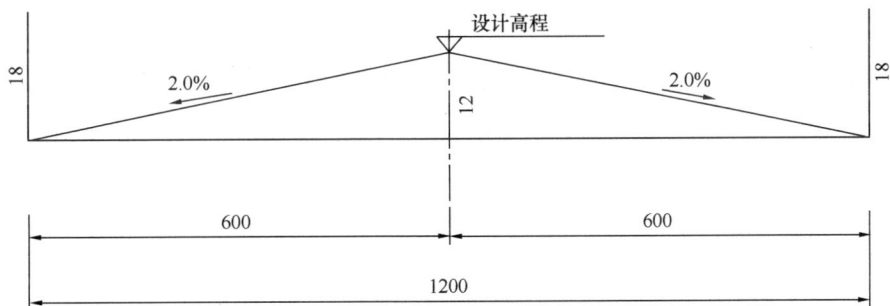

图 1-8　道路横断面图

4. 项目实施起点和终点

表示该项目的一个实施范围。拿到图纸后先看一下说明，这个很重要，知道项目的一个范围，例如某份图纸中讲到本段道路新建工程起点位于××路，桩号为 K0+007.598，终点位于××路，桩号为 K0+440.474，路线全长 432.876m，起点和终点的桩号表示该项目实施起点和终点的位置关系，如图 1-9 所示。

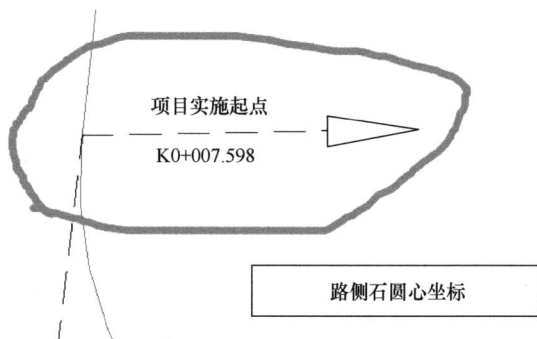

图 1-9　项目实施起点

5. 左半幅和右半幅

在工地上经常会遇到很多人说左半幅和右半幅，那么如何进行区分呢？最简单的方法就是人站在道路中心线上，从小桩号走到大桩号，那么在中心线上的左边就是左半幅，在中心线上的右边就是右半幅，如图 1-10 所示。

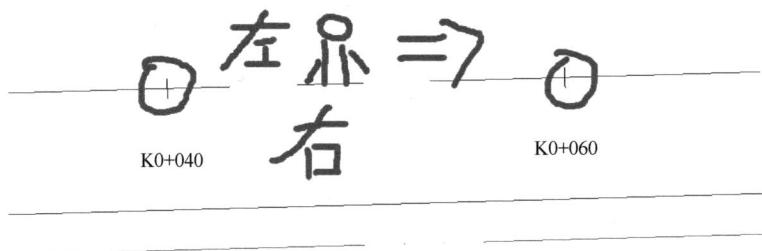

图 1-10　区分左右半幅

6. 桩号

桩，指部分垂直埋入地下的长条状物体，大多用于标识地面位置；桩号，是用来标识和区分多个桩的编号。道路的桩号通常与里程碑系统相结合，以"K 千米数＋米数"表示。即沿道路方向，起点处的桩号是 K0＋000，每隔一定距离（如 20m、100m）做桩号标记，并在有需要的地方进行标记，如图 1-11 所示。

图 1-11 公路上的标牌（一）

简而言之，桩号就是道路的"身份证号"，具有唯一性，因此我们遇到事故报警时，交警通常会让你提供桩号来确定你所处的位置，也就是起到定位的作用，如图 1-12～图 1-14 所示。

图 1-12 公路上的标牌（二）

第二块牌：公里牌

115代表从该高速起
点到此共115km

G60代表沪昆高速

图中的标牌叫作"公里牌"，上面的数字代表你所在高速公路从起点到
这个牌子的总距离，下面的字母和数字为该条高速公路名称。

图 1-13　公路上的标牌（三）

第三块牌：百米桩

1代表该位置是115km
加100m的位置

115代表从该高速起
点到此共115km

图中的标牌叫作"百米桩"，它在每两个相邻的"公里牌"之间会有9个，
每两个间距为100m，它的作用是精确定位每公里百米以内的确切位置。

图 1-14　公路上的标牌（四）

把道路工程对半分，中间那条线就是道路中心线，在这条线上我们标记出来的数字就是桩号，桩号一般用英文大写字母 K 加上数字表示，如 KX＋Y，前面 X 的单位是 km，后面 Y 的单位是 m，我们一般用 K0 表示项目的实施起点，如 K0＋020 表示距离 K0 起点 20m 的地方。如何求两个桩号的距离？记住一点是单位统一原则。如 K0＋020 到 K0＋080，两者之间相差 60m；如 K0＋080 到 K1＋020 两者之间相差 1020（K1＋020＝K0＋1020）－80＝940m。图纸表达桩号的形式如图 1-15 所示。

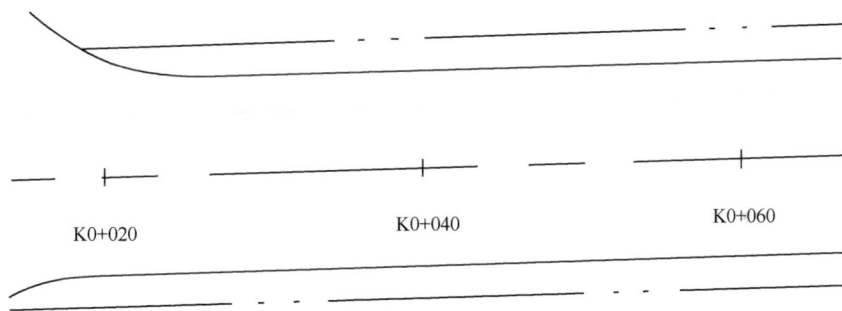

K0+020　　　　　　　K0+040　　　　　　　K0+060

图 1-15　道路工程图纸中的桩号

7. 二维和三维的关系

我们可以把物体归纳为三种：第一种是规则图形；第二种是不规则图形；第三种是完全不规则图形。上述关系将在桥梁工程章节进行解析。

第一种是规则图形，在这里是指长方体和圆柱体，首先我们要知道常见的正规图形来领悟二维和三维的关系，长方体无论是俯视图还是正立面、侧立面图形，都是长方形；反之当我们看到平面、正立面、侧立面图形都是长方形，就能知道该物体的形状是长方体，这样算量就非常方便。如图 1-16 所示。

圆柱体是三维模型。这个形状我们都很熟悉，二维模型的平面图形（也就是从上往下看）是一个圆形，立面图形（也就是站着看）是一个矩形；反之我们必须知道如果看到平面图形（也就是从上往下看）是一个圆形，立面图形（也就是站着看）是一个矩形，那么就要想象出来这个物体是圆柱体。如图 1-17 所示。

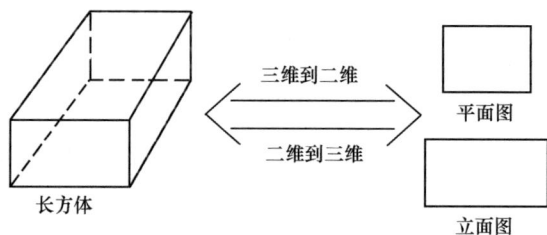

图 1-16　长方体二维和三维的关系

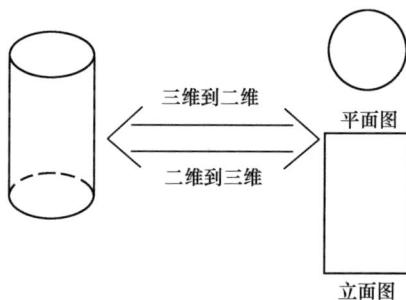

图 1-17　圆柱体二维和三维的关系

　　第二种是不规则图形。这种图形虽然不规则，但是可以由规则图形转化而来。对于不规则图形，可以先看作规则图形（长方体或圆柱体），然后再修剪为不规则图形，在桥梁工程章节以承台进行举例。

　　第三种是完全不规则图形。这种图形需要大家见过才能想象出它的形状，也就相当于我们小时候去看动物，没有见到老虎之前，你是无法想象出老虎的样子的，但是只要见过一次，以后就不会忘记。在市政公路图纸中完全不规则图形很少，目前桥梁工程耳墙就属于这种。

城市道路是城市中行人和车辆往来的专门用地，连接城市各个组成部分，是与公路相贯通的纽带，使城市构成一个相互协调、有机联系的整体。

城市道路是市政工程建设的重要组成部分。城市道路不仅是组织城市交通运输的基础，也是布置城市公用管线、街道绿化并为其城市架空杆线提供容纳空间的载体。因此，城市道路网是城市总体布局的骨架。

1. 城市道路的组成

城市道路由以下不同功能部分组成（图 2-1）：

（1）供各类车辆行驶的车行道。其中供机动车行驶的称为机动车道，供非

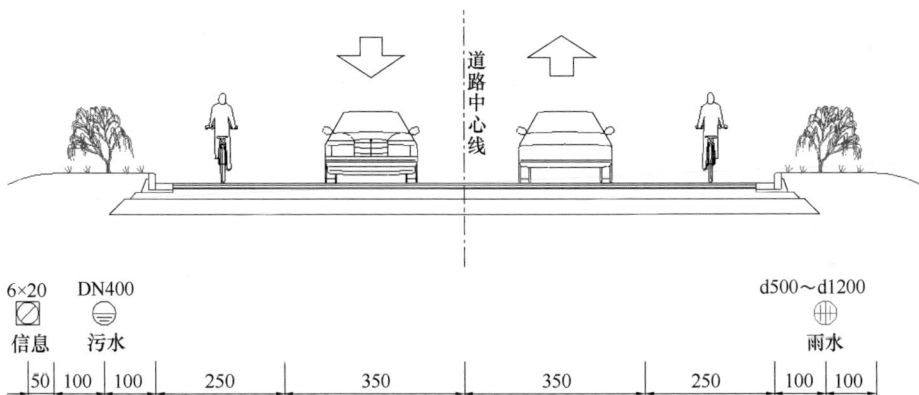

图 2-1 城市道路图

机动车行驶的称为非机动车道或慢车道。

（2）专供行人步行交通的人行道和禁止车辆通行的步行专用道路。

（3）沿街绿化带。如种植行道树、路侧小片绿地、林荫道等。

（4）为组织交通、保证交通安全的辅助性交通设施。如交通信号、交通标志、分车带、导向岛、护栏，以及临时停车用的停车场和公共交通车辆站台。

（5）道路排水设施。如明沟、雨水口、地下管道构筑物及各种检查井等。

（6）除路段外，还包括交叉口、交通广场、固定停车场等。

（7）从城市道路体系来看，还有沿街的地上设备，如照明灯柱、架空电线杆、给水消火栓、邮筒、清洁卫生箱等；沿街的地下管线，如自来水管、污水管、雨水管、煤气管道等管道及各种电缆。

2. 城市道路分类、分级

目前，我国确定城市道路分类的基本因素是交通性质、交通量和行车速度。城市道路分类是决定道路宽度和几何设计标准的主要依据。

我国颁布的《城市道路工程设计规范》CJJ 37—2012，根据城市道路系统中的地位、交通特征以及对沿线建筑物的车辆和行人进出的服务功能等，将城市道路分为四类。

（1）快速路

一般设置在直辖市或较大的省会城市，主要属于交通性道路，为城市远距离交通服务。交通组织采用部分封闭。快速路相向车道之间应设置中间分隔带。快速路与高速公路及主干路交叉时，必须采用立体交叉；与次干路相交叉，当交通量仍可维持平面交叉时，也可设置平面交叉，但需保留立体交叉的可用地，一般不能与支路相交。

（2）主干路

主干路是城市道路的骨架，为连接城市各主要分区的交通干道，以交通运输为主。在非机动车多的主干路上宜采用分流形式，即设置两侧分隔带，横断面布置为三幅道。平面交叉口间隔以 800～1200m 为宜。

（3）次干路

次干路是城市的一般交通道路，兼有服务性功能，它配合主干路共同组成下道网，其作用为广泛联系城市各部分与集散交通流口。

（4）支路

支路是次干路与街坊路联络线，解决城市地区交通，以服务功能为主。

3. 行车对道路的要求

（1）保证汽车在道路上行驶的稳定性。

（2）保证车道上的行车通畅。

（3）尽可能提高设计车速，缩短行车时间，提高汽车周转，创造条件节约燃料，减少轮胎磨损，要求道路的平面和纵断面合理布局。

（4）为满足行车安全，需要路面粗糙、平整少尘、排水通畅，在道路两旁进行绿化、改善景观等。

4. 路面的分级与分类

（1）路面分级

按面层的使用品质、材料组成和结构强度的不同，路面可以分为三个等级。

1）高级路面：特点是结构强度高、使用寿命长，适应较大的交通量，平整无尘，能保证高速行车，养护费用少，运输成本低。但基建投资大，施工技术与机械设备要求高，需要质量高的材料进行修筑。

2）次高级路面：特点是强度较高、使用寿命较长，能适应较大的交通量。相比高级路面投资少，但需定期维修，养护费用和运输成本较高。

3）中级路面：特点是强度低、使用期限短，平整度差，易扬尘，仅能适应较小的交通量，行车速度也较低。它需要经常维修才能延长使用期限，造价虽低，但养护工程量大，运输成本很高。

（2）路面分类

按路面力学特性分类，路面可分为柔性路面、刚性路面两大类。

1）柔性路面：柔性路面是由具有黏性、弹塑性的混合材料组成的路面，常见的是沥青路面，是在一定工艺条件下压实成型的路面。其力学特性是：在荷载作用下产生的弯沉变形较大，路面结构本身抗弯拉强度较低，车轮荷载通过由强到弱的各层次逐渐传到土基，使土基受到较大的压力，土基强度和稳定性对路面结构整体强度有较大的影响。柔性路面一般包括铺筑在非刚性基层上的各种沥青路面、碎（砾）石路面及用有机结合料加固的路面等。

2）刚性路面：刚性路面是由整体强度高的水泥混凝土板或条石直接铺筑在均匀土基层上的路面。其力学特性是：在荷载作用下起板体作用，具有较高的抗弯拉强度和较小的变形，荷载通过水泥混凝土或条石板体扩散分布，因而它能减轻土基所受的应力；刚性路面的强度取决于板体的抗弯拉强度和土基强度。水泥混凝土路面及各种石、块石路面均属于刚性路面。

用石灰或水泥稳定土和用石灰或水泥稳定碎（砾）石，以及用各种含有水硬性结合料的工业废渣做成的基层，在前期具有柔性路面的特征，随着时间的延长，后期则逐渐向刚性路面的特点转化，但它最终抗弯拉强度和弹性模量较刚性路面低，这种路面结构一般用于高级路面基层，也可单独列为一类，称为半刚性路面。

5. 道路横断面图

道路横断面是指沿道路宽度方向，垂直于道路中心线方向的断面。横断面的形式主要取决于道路的类别、等级、性质和红线宽度以及有关交通资料。

道路横断面由机动车道、非机动车道、人行道、分车带、绿化带等部分组成（图 2-2）。

（1）城市道路总宽度：城市道路的总宽度即城市规划红线之间的宽度，也称路幅宽度。它是道路用地范围，包括城市道路各组成部分，如车行道、绿化带、分车带等所需宽度的总和。

（2）车行道宽度：确定车行道宽度最基本的要求是保证道路在设计年限内来往车辆安全顺利地通过，车辆最多的时候也不至于发生交通阻塞。城市道路的车行道宽度包括机动车道宽度和非机动车道宽度。

（3）人行道宽度：人行道的主要功能是满足行人步行交通的需要，还要供植树、立地上杆柱、埋设地下管线之用。因此，人行道总宽度既要考虑地面上步行交通、种行道树、立电线杆的宽度，还要考虑地下埋设工程管线所需要的宽度。

由图 2-2 可以看出，道路横断面包括 2m 的绿化带和 2.5m 的非机动车道以及 3.5m 的机动车道。因为人行道和机动车道的做法不同，所以要确定各自的宽

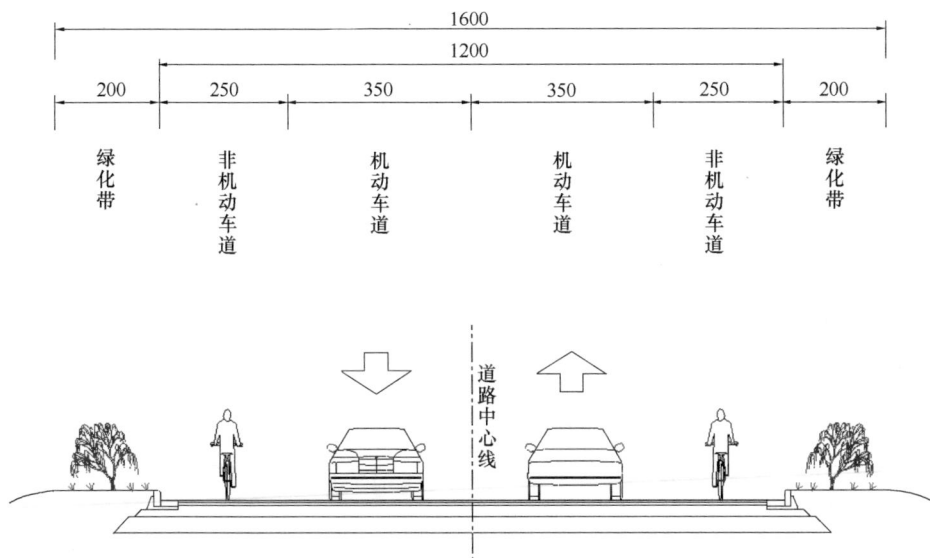

图 2-2 道路横断面图

度就必须要知道分界线，它们的分界线是侧平石的交界处（图 2-3）。拿到图纸首先要看道路横断面图，看一下道路工程中有哪些用途。

图 2-3 现场侧平石交界处

6. 道路横断面的布置形式

单幅路，又称一块板断面或混行式断面。双幅路，又称两块板断面或分向式断面。三幅路，又称三块板断面或分车式断面。四幅路，又称四块板断面或分车分向式断面。城市道路横断面的基本形式如图 2-4 所示。在图纸中称为道路工程横断面图，这个图形很重要，我们要根据这个图形找到各工程做法的范围，也就是确定分界线。相当于在菜园中种菜，我们要知道各个菜的范围，就要找到分界线。

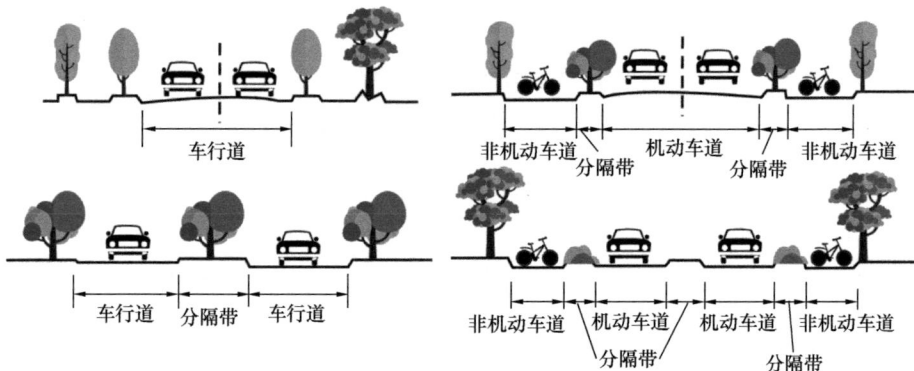

图 2-4　城市道路横断面

7. 郊区道路横断面的基本形式

郊区道路两侧大多是菜地、仓库、住宅等，以货运交通为主，行人与非机动车很少。与市区道路相比，郊区道路横断面的特点是明沟排水；车行道为 2～4 条，路面边级不设边石，路基处于低填或不填不挖状态；无专门的人行道，路面两侧设置一定宽度的路肩，用以保护和支撑路面辅助层或临时停车和步行交通用，其基本形式如图 2-5 所示。

8. 道路工程中心线

道路一般是双行道，在道路工程中间画一条中心线，把道路一分为二，左右两边是对称的，我们在道路中心线标上数字，也就是桩号，起到定位的作用。在

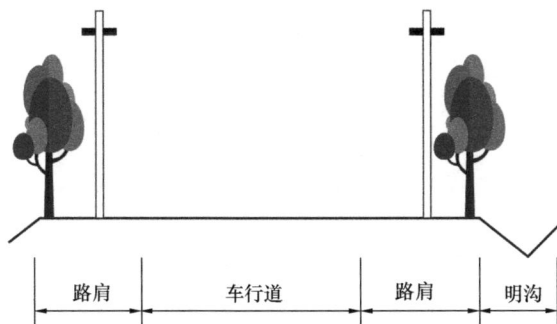

图 2-5 郊区道路横断面图

道路工程图纸中是如何定位一个点的呢？需要四要素：桩号、距离道路中心线距离、左右半幅、标高，如图 2-6 所示。

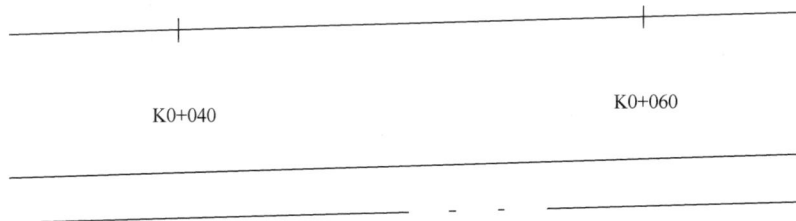

K0+040

K0+060

图 2-6 道路工程中心线

9. 道路工程是如何进行定位的?

需要坐标（X，Y）和标高，但是设计院并不会把每个坐标都给出来。一般点的定位需要四要素：桩号、距离道路中心线距离、左右半幅、标高。这些信息在道路工程纵断面图中可以找到。

10. 车行道的横坡

为了使城市道路上及毗邻的建筑物出入口的雨水能迅速排入道路两侧的街沟或雨水口，在侧平石的交界处设置雨水箅子。因为道路工程的坡道是从这个地方起坡的，这个地方地势最低，雨水在此处汇集，所以此处经常会看到雨水口，用来收集雨水，如图 2-7 所示。

图 2-7 雨水进水井

除人行道设置必要的横坡外,道路车行道也必须设置路拱,使路面具有迅速排雨水的相应横坡度。如图 1-8 所示,坡度 2.0%=水平长度/竖直高度=0.12/6=0.02。

(1)路拱横坡:从行车安全角度来看,车行道横坡应尽可能小,但从路面排水要求来看,则路拱横坡应做得大一些。所以决定路拱横坡度时应综合考虑各方面的要求,合理解决这一矛盾,选用合适的路拱横坡。城市道路路面横坡度如表 2-1 所示。

城市道路路面横坡度   表 2-1

路面面层类型	路面横坡度(%)
水泥混凝土	1.0~1.5
沥青混凝土	1.0~2.0
沥青碎石、沥青贯入式碎(砾)石	1.5~2.5
沥青表面处治碎、砾石等粒料路面	2.0~3.0

非机动车道和人行道横坡度一般均采用单面坡,横坡度为 1.0%~2.5%。

(2)路拱形式:车行道路拱形状一般采用凸形双向横坡,由路中央向两边倾斜,拱顶高出路面边缘的高度称为路拱高度。路拱曲线的基本形式有抛物线型、直线接抛物线和折线型三种。

11. 道路工程平面图纸线条

结合道路标准横断面图的宽度和平面图纸的宽度,可以看出平面图纸中各线条代表的含义,如图 2-8~图 2-11 所示。

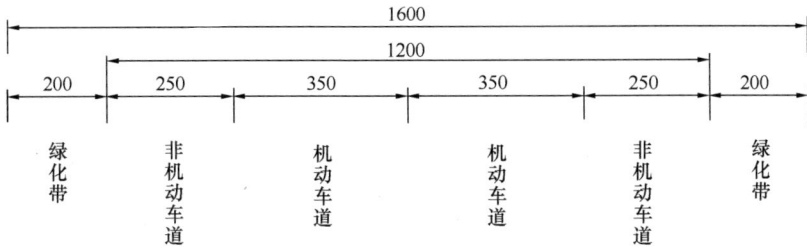

图 2-8 道路横断面图

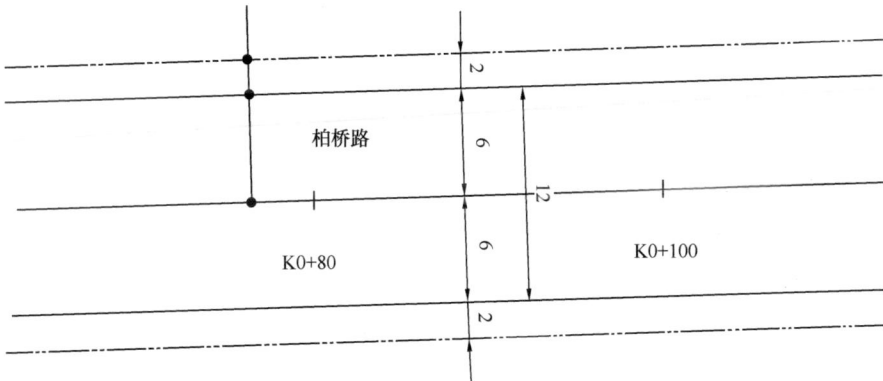

图 2-9 道路工程平面图

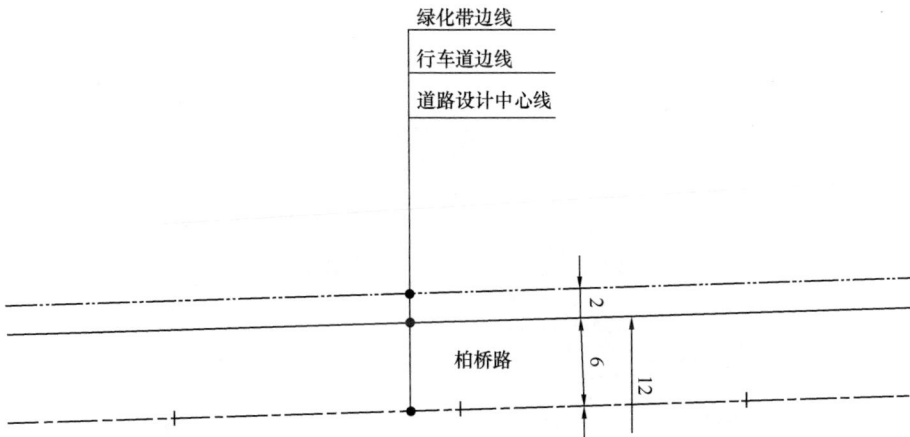

图 2-10 各线代表的含义

侧平石的交界线同时也是车形道（包括非机动车道和机动车道）和绿化带的交界处。

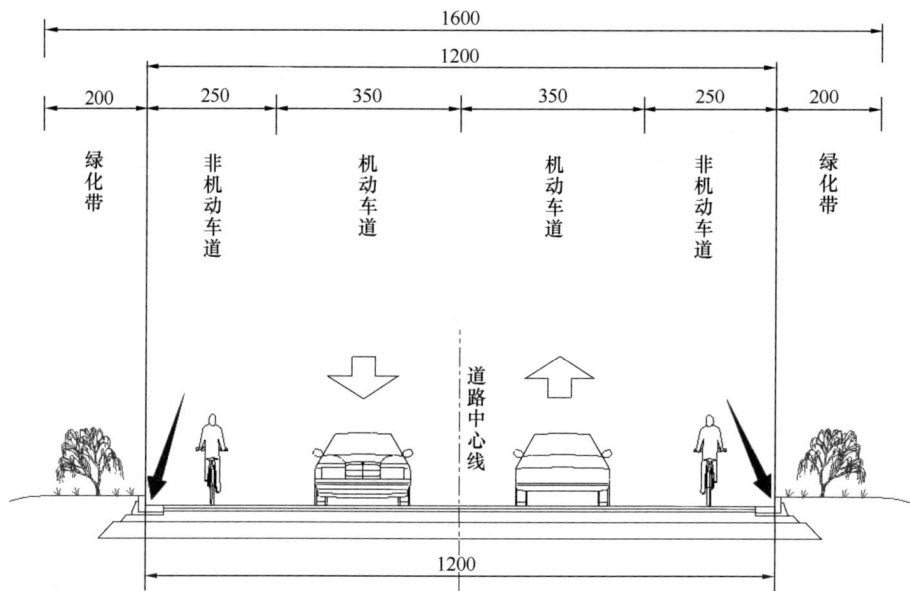

图 2-11　侧平石的交界线

12. 侧平石

侧平石是指侧石和平石（平缘石），两块合称为一套，用于沥青混凝土道路的路缘带。

侧石顾名思义就是侧着的，平石就是平躺着的，如图 2-12 所示。

图 2-12　现场侧平石交界线

侧平石系位于城市道路两侧或分隔带、中心岛四周，高出路面和分隔车行道与人行道、车行道与分隔带、车行道与中心岛、车行道与安全岛等设施以维护交通安全的设施。侧石与平石可综合使用，通常设置在沥青类路面的边缘。

侧平石的分界线在道路工程里面非常重要，因为它是绿化带和行车道的分界线，在计算两种不同宽带的时候显得特别重要。

如图 2-13 所示是侧平石安装及大样图的具体蓝图，从这里可以计算各做法的宽度以及扣减关系。

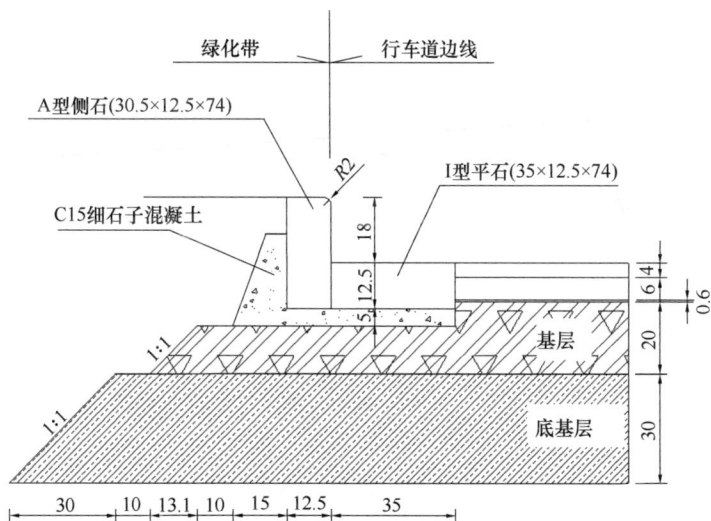

图 2-13　图纸侧平石大样图

13. 道路的交叉口

城市道路网纵横交错，道路与道路相交（或与铁路相交）的部分称为交叉口。它是城市道路系统中的重要组成部分，是道路交通的咽喉。合理地设计交叉口，对减少、消除交通事故及提高路口通行能力具有重要意义。根据相交道路（或铁路）在交叉点处的标高关系，交叉口可分为平面交叉和立体交叉。

道路与道路相交（或与铁路相交），各相交道路在交叉点的标高相同为平面交叉。

　　立体交叉是两条道路在不同平面上的交叉，两条道路上的车流互不干扰，各自保持其原有行车速度通过交叉口，因此，道路的立体交叉是一种保证安全和提高交叉口通行能力的有效方法。

　　每一项道路工程，设计院都会单独把交叉口画出来，如图 2-14 所示。

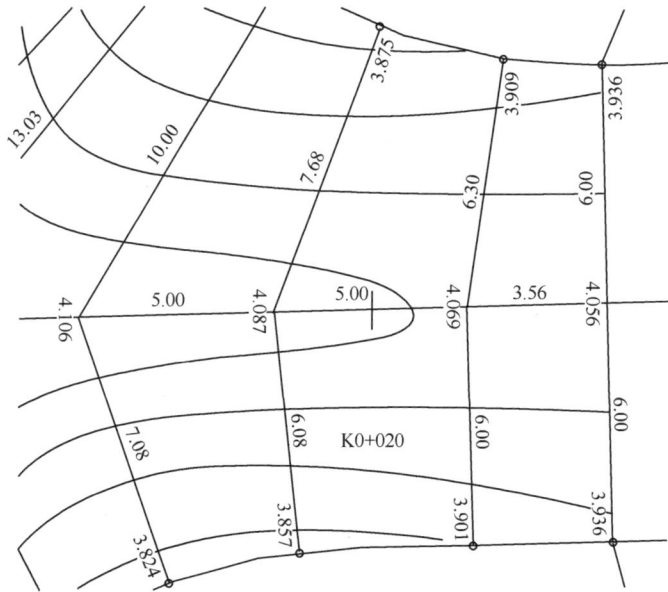

图 2-14　交叉口大样图

　　其中特别注意在点旁边的如图 2-15 所示的这个点对应的高程。

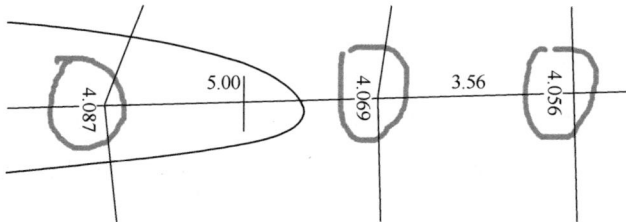

图 2-15　高程点（一）

　　两个点的直线上面的数据表示长度，如 3.56，5.00 表示两个点之间的距离。弧线表示等高线，如图 2-16 所示。

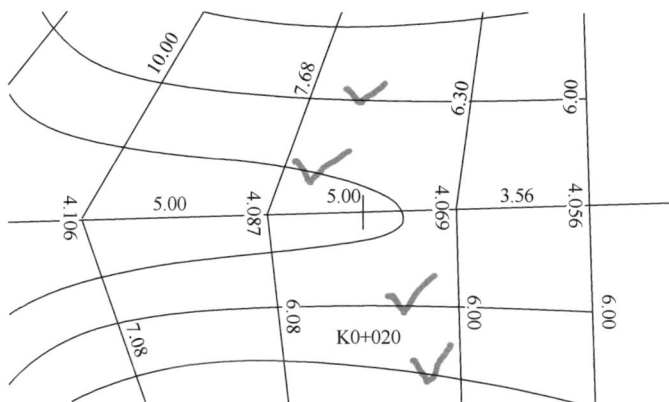

图 2-16　高程点（二）

14. 路面做法

道路工程说明要提取重要的信息，比如道路工程的做法、所用材料的规格。

道路工程的做法，比如机动车道、非机动车道、人行道等，要结合道路工程说明、路基一般设计图以及路面结构图等，准确地找到做法。

路面工程是道路建设中一个重要的组成部分，它的技术性能好坏直接影响行车速度、安全和运营经济。为了保证路面的使用年限，路面应具有充分的强度、稳定性、平整度，并保持足够的表面粗糙度，少尘，不透水。

（1）路面结构层次

行车荷载的自然因素对路面的作用是随着深度而逐渐减弱的。为适应这一特点，绝大部分路面的结构是多层次的，按各层所处位置及作用的不同，基本上分为面层、基层和垫层。

1）面层：面层直接随着行车荷载与人气因素的作用，并且将车轮荷载压力传布扩散到杂层。面层主要采用水泥混凝土、沥青混凝土等强度较高的材料铺筑。

2）基层：基层设在面层（或联结层）之下，它是路面的主要承重层。一方面支承面层传来的荷载，另一方面把荷载传布扩散到下面层次。当基层分为两层时，分别为基层和底基层。

3）垫层：在水文地质条件不良的路段，常在土基与基层之间加设垫层，目的是为稳定土基阻止水分上下移动、减轻土基不均匀冻胀、改善路面工作状态。

本项目实施范围为 K0+007.598～K0+440.474，实施总长 432.876m。

另外全线道路红线范围内同步敷设污水管、雨水管和信息管线，本次施工图设计管线工程按要求只包含雨水工程和污水工程。

(5) 路基标准横断面：

2m 绿化带＋12m 行车道＋2m 绿化带＝12m(红线)/16m(绿线)

(6) 道路横坡：

机动车道（％）： 2(坡向路边)

4.4.4 路面结构

1. 行车道

4cm 细粒式沥青混凝土（AC-13C SBS 改性）

L_s≤27.8(1/100mm)

粘层油

6cm 中粒式沥青混凝土（AC-20C） L_s≤31.2(1/100mm)

0.6cm 沥青下封层

透层油

20cm 水泥稳定碎石 L_s≤36.8(1/100mm)

30cm 12％石灰土 L_s≤84.7(1/100mm)

结构总厚度为 60cm，路基层顶计算弯沉 L_s 为 179.1(1/100mm)

其中粘层油的作用是让相邻两层沥青更好地结合在一起；下封层的作用是把上面的沥青形成一个整体；透层油的作用是让沥青和水泥稳定碎石更好地结合渗透。

---

(1) 沥青

根据工程区的气候、分区及交通等使用要求，行车道表面层 AC-13C 选择采用 SBS 聚合物作改性剂的改性沥青。制备改性沥青时，应采用适宜的生产条件和方法，通过试验确定合理的改性剂剂量和适宜的加工温度。改性

剂在基质中应分散均匀并达到一定的细度。行车道下面层 AC-20C 选择采用 70 号 A 级石油沥青，应符合 PG64-22 标准，建议采用优质进口沥青。沥青下封层采用进口优质慢裂改性乳化沥青。沥青性能检验，每批到货应至少检验一次，三大指标应每 500t（或以下）检验一次。

粗集料应洁净、干燥、表面粗糙，其质量应符合相关要求。上面层采用玄武岩，下面层可采用石灰岩。粗集料如选用破碎砾石，则应采用粒径大于 50mm，含泥量不大于 1% 的砾石轧制，且破碎面应符合相关要求。

4.4.6.5 水泥稳定碎石基层 4.5% 重量比

设计要求水泥稳定碎石静压法成型进行 7d 浸水无侧限抗压强度试验，强度代表值不应小于 3.5MPa，180d 劈裂强度应不小于 0.5MPa。为减少基层裂缝，必须做到三个限制：在满足设计强度的基础上限制水泥用量；在减少水泥含量的同时，限制细集料、粉料用量；根据施工时气候条件限制含水量。设计要求水泥剂量宜控制在 3.5%～4.5%，不应大于 5.0%、本次设计推荐 4.5%。集料级配中 0.075mm 以下颗粒含量不宜大于 3.0%、含水量不宜超过最佳含水量的 1%。

4.4.6.6 12% 石灰土底基层

石灰土按照《公路路面基层施工技术细则》JTG/T F20—2015 中关于石灰土作为路底基层的有关规定执行。石灰剂量 12%，石灰应满足质量要求，石灰土 7d 无侧限抗压强度应大于 0.8MPa。重量比：12 石灰、100 土。

现场照片如图 2-17、图 2-18 所示。

图 2-17 道路现场照片（一）

图 2-18　道路现场照片（二）

（2）路基做法

路基是由岩土材料采用人工方法构筑于露天环境的一种工程构筑物，主要涉及路基填土施工、路基压实施工、路基排水施工等技术。常见的是石灰土，如图 2-19、图 2-20 所示。

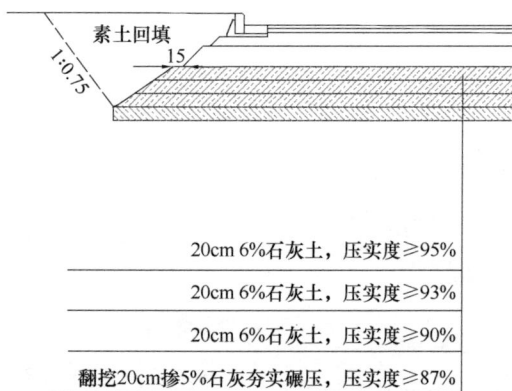

素土回填

1:0.75

15

20cm 6%石灰土，压实度≥95%

20cm 6%石灰土，压实度≥93%

20cm 6%石灰土，压实度≥90%

翻挖20cm掺5%石灰夯实碾压，压实度≥87%

图 2-19　道路基层做法

图 2-20　现场道路基层做法

15. 道路纵断面图

沿着道路工程平行的方向切一刀，就是纵断面图，如图 2-21、图 2-22 所示。

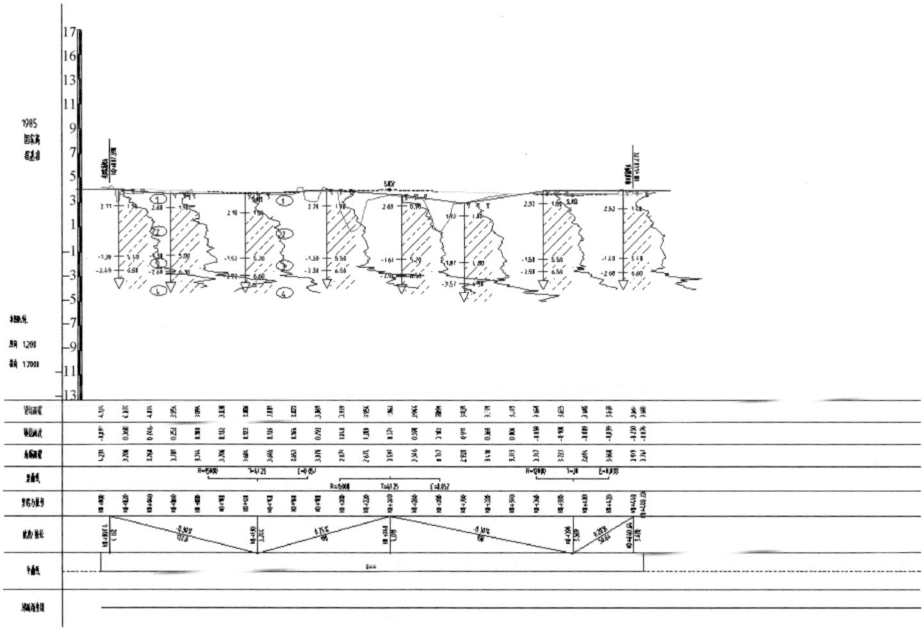

图 2-21　道路纵断面图（一）

设计高程		4.134	4.074	4.014
填挖高度		−0.097	0.368	0.246
地面高程		4.231	3.706	3.768
竖曲线				
里程与桩号		K0+000	K0+020	K0+040
坡度/坡长	K0+007.4 4.112			

图 2-22　道路纵断面图（二）

设计高程：是指道路中心线上，道路全部做完后踩在脚下的标高，这个标高是已知的，设计院会告诉我们。

地面高程：是指道路未开挖之前土的原始标高，这个标高需要现场测量，通常有两种方法，一种是 GPS 测量，另一种是水准仪测量。前面一种要求信号好，常用于城市；后面一种是手动的，各种场合都可以用。

16. 竖曲线

（1）竖曲线是指在线路纵断面上，以变坡点为交点，连接两相邻坡段的曲线。竖曲线有凸形和凹形两种。道路纵断面线经常采用直线（又称为直坡段）、竖曲线两种线形，二者是纵断面线形的基本要素，如图 2-23 所示。

变坡角 $\omega = i_2 - i_1$，如图 2-24 所示。

（2）竖曲线的主要作用：保证行车安全、舒适以及视距的需要，缓和纵向变坡处行车动量变化而产生的冲击作用，确保道路纵向行车视距；将竖曲线与平曲线恰当地组合，有利于路面排水和改善行车的视线诱导与舒适感。

变坡点：在道路纵断面上两个相邻纵坡线的交点。

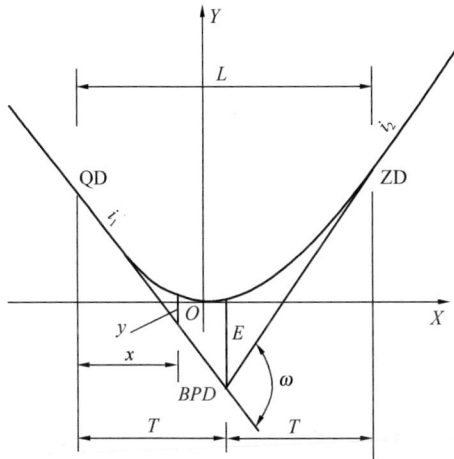

图 2-23 竖曲线的计算

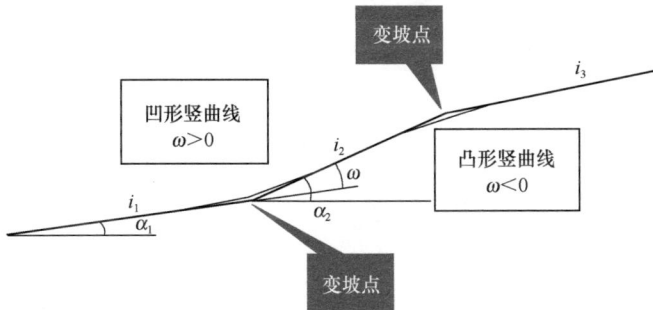

图 2-24 变坡角

纵坡＝高差/距离（注意高差和距离都是相邻边坡点的高差和距离）。

竖曲线的基本方程式：设变坡点相邻两纵坡坡度分别为 i_1 和 i_2，抛物线竖曲线有两种可能的形式，如图 2-23 所示。

$$y = \frac{1}{2R}x^2 \tag{2-1}$$

式中，R——抛物线顶点处的曲率半径；

y——竖曲线与直坡之间的高差；

x——竖曲线上任一点离开起（终）点距离。

注意：在竖曲线范围内。

（3）竖曲线要素的计算公式（图 2-23、图 2-25）：

变坡角 $\omega=i_2-i_1$；

曲线长：$L=R\times W$；

切线长：$T=L/2=R\times\omega/2$；

外距：$E=T^2/(2\times R)$；

纵距：$y=x^2/(2\times R)$。

x：竖曲线上任一点离开起（终）点距离。

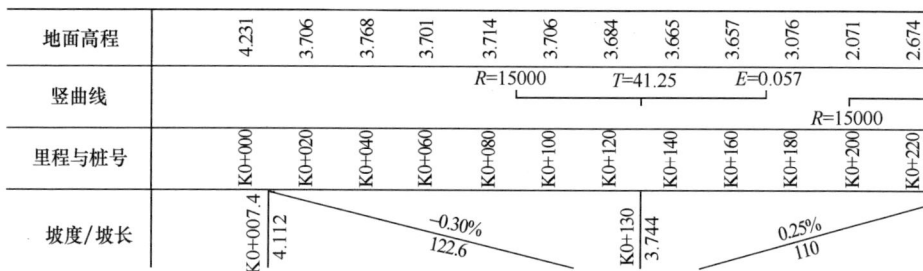

地面高程	4.231	3.706	3.768	3.701	3.714	3.706	3.684	3.665	3.657	3.076	2.071	2.674
竖曲线					$R=15000$		$T=41.25$		$E=0.057$		$R=15000$	
里程与桩号	K0+000	K0+020	K0+040	K0+060	K0+080	K0+100	K0+120	K0+140	K0+160	K0+180	K0+200	K0+220
坡度/坡长	K0+007.4 4.112				−0.30% 122.6		K0+130 3.744			0.25% 110		

图 2-25　竖曲线平面图纸

竖曲线起点桩号：$QD=BPD-T$；

竖曲线终点桩号：$ZD=BPD+T$。

17. 平曲线 (直线、 圆曲线、 缓和曲线)

平曲线是在平面线形中路线转向处曲线的总称，包括圆曲线和缓和曲线。连接两条直线之间的线，使车辆能够从一条直线过渡到另一条直线。注意竖曲线是纵断面图，是竖直方向的，而平曲线是平面图形，是两种不同的概念。

道路的平曲线一般由直线、圆曲线和缓和曲线三个基本线元组成，如图2-26所示。

（1）直线

具有固定的曲率半径，且曲率为 0（半径无穷大），可理解为一种特殊的圆曲线，如图 2-27 所示。

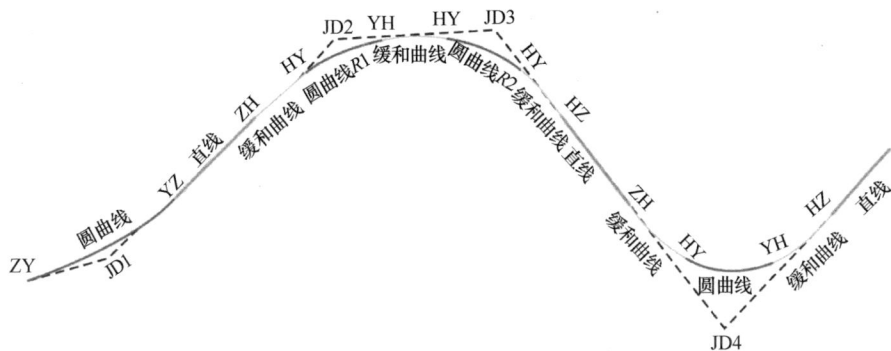

图 2-26　平曲线

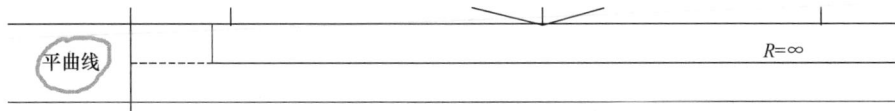

图 2-27　平曲线平面图

（2）圆曲线

即圆的一部分（圆弧），具有固定的曲率半径，曲线上任一点曲率半径 R 为常数，大半径的圆曲线线形美观、行车舒适，是公路上常采用的线形。道路平面线形，由于受地形、地物的限制和工程经济、艺术造型方面的考虑，直线段之间总是要用曲线段来连接。道路上的曲线段一般采用圆弧曲线，其几何要素之间的关系可参照图 2-28，按下列公式计算：

$$T = R\tan\frac{\alpha}{2}; \quad E = R\left(\sec\frac{\alpha}{2}-1\right)$$

$$L = \frac{\pi}{180}R\alpha; \quad R = T\tan\frac{\alpha}{2}$$

（2-2）

式中，T——切线长；

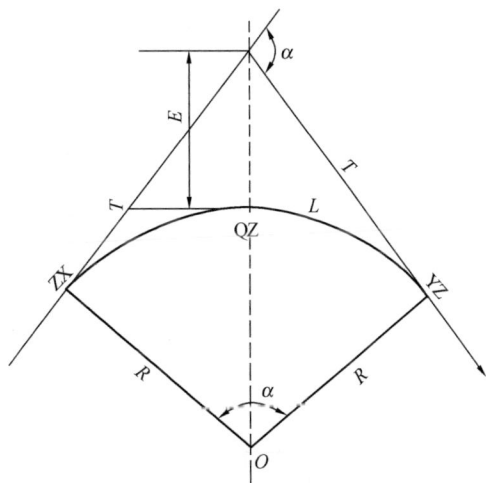

图 2-28　圆曲线的计算

29

E——外矩；

R——平曲线半径；

L——曲线长。

圆曲线具体案例如图 2-29～图 2-31 所示。

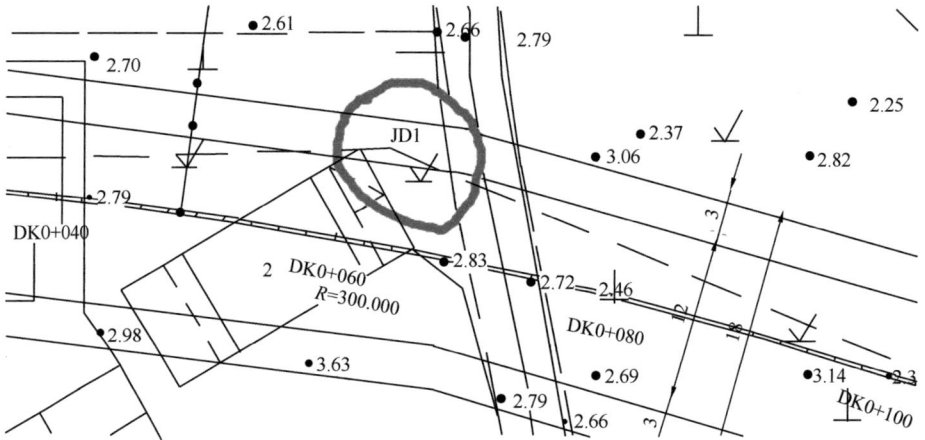

图 2-29　圆曲线平面图

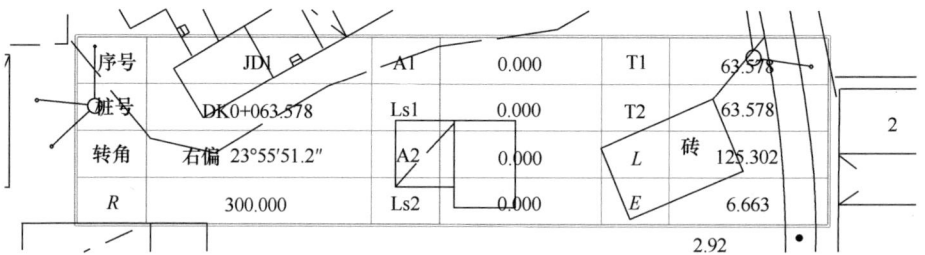

序号	JD1	A1	0.000	T1	63.578
桩号	DK0+063.578	Ls1	0.000	T2	63.578
转角	右偏 23°55′51.2″	A2	0.000	L	125.302
R	300.000	Ls2	0.000	E	6.663

图 2-30　圆曲线计算

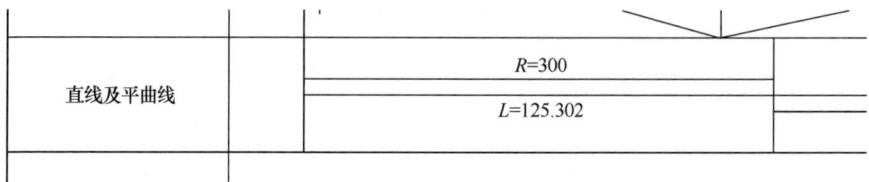

图 2-31　圆曲线的数据

（3）缓和曲线

为了使路线的平面线形更加符合汽车的行驶轨迹、离心力逐渐变化，确保行车安全和舒适，需要在直线与圆曲线之间或半径相差较大的两个同向圆曲线之间设置一段曲率连续变化的曲线，此曲线称为缓和曲线。目前在我国公路设计中，以回旋线作为缓和曲线。

缓和曲线方程：

$$A^2 = R \times L_s \tag{2-3}$$

式中，A——缓和曲线参数；

$\quad R$——缓和曲线的半径；

$\quad L_s$——缓和曲线的长度。

1）缓和曲线的作用

缓和曲线是道路平面线形要素之一，它是设置在直线与圆曲线之间或半径相差较大的两个转向相同的圆曲线之间的一种曲率连续变化的曲线（图 2-32）。

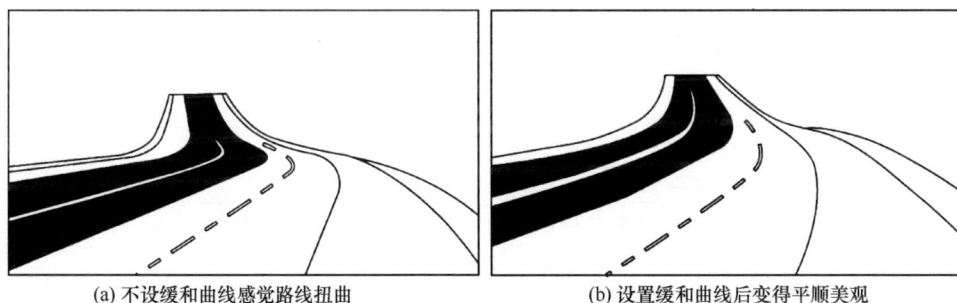

(a) 不设缓和曲线感觉路线扭曲　　　　　　　　(b) 设置缓和曲线后变得平顺美观

图 2-32　直线和曲线连接效果图

它实质上是数学上的科奴螺旋线。线路上用它连接直线与圆曲线或不同半径的圆曲线。它是一种高次曲线。在公路建设中，为了行车顺适，使车辆在直线段行驶时不受离心力和在圆曲线段行驶时受到一定离心力之间有一个过渡，必须在直线和圆曲线之间插入一段光滑衔接的缓和曲线。在平面线形设置缓和曲线具有如下作用：

① 曲率连续变化，便于车辆行驶半径不同曲线间的曲率过渡，给驾驶者提供一条易于跟踪的路线；消除不同曲线连接处的明显转折，使线形舒顺，路容

美观。

② 离心加速度逐渐变化，旅客感觉舒适（适应离心加速度逐渐变化规律，减轻横向冲击的感受和司乘人员不舒适的感觉）。

③ 超高横坡度逐渐变化（减少行车的颠簸），行车更加平稳。

④ 为路基或轨距加宽提供过渡段。

⑤ 与圆曲线配合得当，增加线形美观。

2）缓和曲线方程和坐标计算原理

① 回旋线的数学表达式

回旋线是公路路线设计中最常用的一种缓和曲线。我国相关标准规定缓和曲线采用回旋线。

回旋线的基本公式为：

$$R \times l = A^2 (r \times l = C) \tag{2-4}$$

式中，R——回旋线上某点的曲率半径（m）；

　　　l——回旋线某点到原点的曲线长（m）；

　　　A——回旋线的参数，A 表征回旋线曲率变化的缓急程度。

② 缓和曲线方程和坐标计算原理

缓和曲线坐标计算公式：

$$x = \sum_{n=0}^{+\infty} \frac{(-1)^n a^{2n} l^{4n+1}}{(2n)!(4n+1)2^{2n}} = 1 - \frac{l^5}{40R^2 L_S^2} + \frac{l^9}{3456R^4 L_S^4} - K \tag{2-5}$$

$$y = \sum_{n=0}^{+\infty} \frac{(-1)^n a^{2n+1} l^{4n+3}}{(2n+1)!(4n+3)2^{2n+1}} = \frac{l^3}{6RL_S} - \frac{l^7}{336R^3 L_S^3} + K \tag{2-6}$$

简化后取前面的两项：

$$x = 1 - \frac{l^5}{40A^4} = 1 - \frac{l^5}{40R^2 L_S^2} \tag{2-7}$$

$$y = \frac{l^3}{6A^2} - \frac{l^7}{336A^6} = \frac{l^3}{6RL_S} - \frac{l^7}{336R^3 L_S^3} \tag{2-8}$$

式中，l——回旋线上任意点至缓和曲线终点的弧长（m）。

注意：当曲线较长半径较小时，计算精度会出现新问题，处理办法是增加计算项数回旋线终点处半径方向与 Y 轴的夹角（图 2-33）。

$$\beta_0 = \frac{L_S}{2A^2} = \frac{L_S}{2R} = 286479 \frac{L_S}{R} (°) \tag{2-9}$$

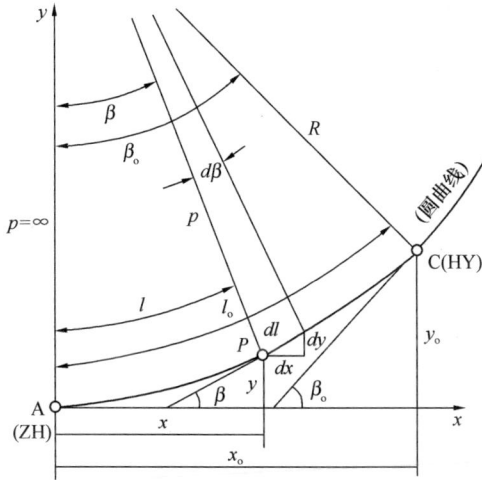

图 2-33　缓和曲线计算

18. 路基横断面设计详图

路基横断面设计详图如图 2-34 所示。

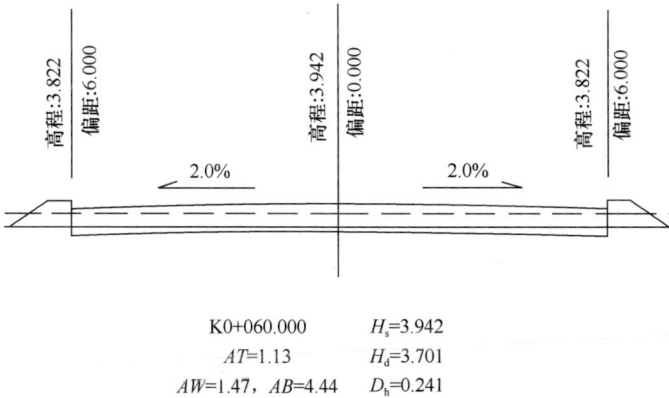

K0+060.000	H_s=3.942
AT=1.13	H_d=3.701
AW=1.47, AB=4.44	D_h=0.241

图 2-34　路基横断面设计详图

A 表示面积；W 表示挖方；T 表示填方；B 表示平整场地；

AT 表示填土面积；AW 表示挖土面积；AB 表示平整场地面积；

H_s 表示设计高程；H_d 表示原地面高程；$D_h = H_s - H_d$

19. 体积比还是重量比?

（1）水泥稳定碎石4.5％是体积比还是重量比？12％石灰土是体积比还是重量比？

4.5％水泥稳定碎石是重量比，4.5是水泥，100是土；不是体积比。

12％石灰土是重量比，12是石灰，100是土；不是体积比，这个地方特别容易出错。其中"灰"是指熟石灰。

依据来自《公路路面基层施工技术规范》JTJ 034—2000 第4.1.2条。

---

4 石 灰 稳 定 土
4.1 一 般 规 定

4.1.1 按照土中单个颗粒的粒径大小和组成，将土分为细粒土、中粒土和粗粒土三种。

4.1.2 石灰剂量以石灰质量占全部粗细土颗粒干质量的百分率表示，即石灰剂量＝石灰质量/干土质量。

4.1.3 石灰稳定土适用于各级公路的底基层，以及二级和二级以下公路的基层，但石灰土不得用作二级公路的基层和二级以下公路高级路面的基层。

4.1.4 在冰冻地区的潮湿路段落及其他地区的过分潮湿路段，不宜采用石灰土做基层。当只能采用石灰土时，应采取措施防止水分浸入石灰土层。

4.1.5 石灰稳定土层应在春末和夏季组织施工。施工期的日最低气温应在5℃以上，并应在第一次重冰冻（—5～—3℃）到来之前一个月到一个半月完成。稳定土层宜经历半月以上温暖和热的气候养生。多雨地区，应避免在雨季进行石灰土结构层的施工。

4.1.6 在雨季施工石灰稳定中粒土和粗粒土时，应采用排除表面水的措施，防止运到路上的集料过分潮湿，并应采取措施保护石灰免遭雨淋。

（2）37 灰土、28 灰土是体积比还是重量比？

3∶7 灰土是指体积比，3 是石灰，7 是土，其中"灰"是指熟石灰。

2∶8 灰土是指体积比，2 是石灰，8 是土，其中"灰"是指熟石灰。

依据来自《建筑地基处理技术规范》JGJ 79—2012 第 4.2.1 条。

4.2.1 垫层材料的选用应符合下列要求：

1 砂石。宜选用碎石、卵石、角砾、圆砾、砾砂、粗砂、中砂或石屑，并应级配良好，不含植物残体、垃圾等杂质。当使用粉细砂或石粉时，应掺入不少于总重量 30％的碎石或卵石。砂石的最大粒径不宜大于 50mm。对湿陷性黄土或膨胀土地基，不得选用砂石等透水性材料。

2 粉质黏土。土料中有机质含量不得超过 5％，且不得含有冻土或膨胀土。当含有碎石时，其最大粒径不宜大于 50mm。用于湿陷性黄土或膨胀土地基的粉质黏土垫层，土料中不得夹有砖、瓦或石块等。

3 灰土。体积配合比宜为 2∶8 或 3∶7。石灰宜选用新鲜的消石灰，其最大粒径不得大于 5mm。土料宜选用粉质黏土，不宜使用块状黏土，且不得含有松软杂质，土料应过筛……

---

1. 如何看图纸中有多少种管道?

拿到图纸,首先得看一下图纸中有多少种管道,这时需要看管道标准横断面图(图 3-1)。

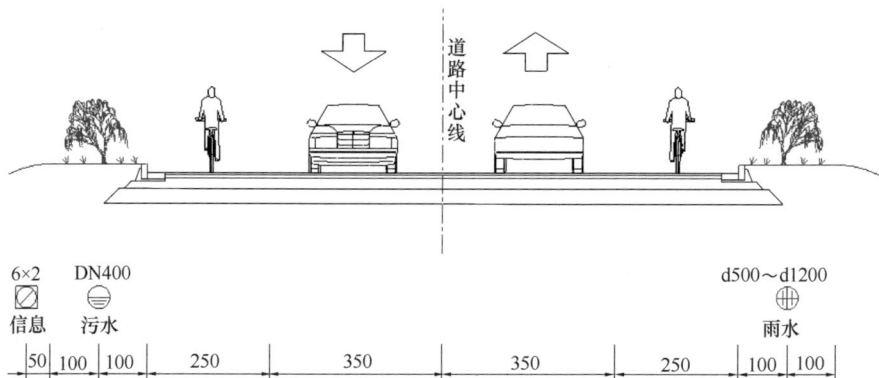

图 3-1 管道横断面图

从图 3-1 来看,左右半幅是对称的,距离中心线 $350+250+100=700$(cm)=7m 的地方右半幅是雨水管道,左半幅是污水管道,左半幅 8.5m 的地方是信息管道。这张图纸可以代表大概的位置,具体还需要看平面图和纵断面图。

2. 管道说明

拿到一份图纸，需要重点看管道说明，每种管道都有单独的图纸、雨水管说明、污水管说明，重点看管道材质、管道接口和管道基础。下面是雨水管的说明截图。

1. 主管

本次设计范围内设置雨水管1根：起点－K0＋150 段位于道路右侧绿化带下，距道路中心线 7.0m 处，管径为 d800～d1200；K0＋150－终点段位于道路右主车道下，距道路中心线 5.0m 处，管径为 d500～d1000。

4. 雨水口连接管

雨水口连接管采用 DN225、DN300 UPVC 加筋管，纵坡不小于1.0％，当道路 12％石灰土顶面实施结束后，反开挖施工 DN225、DN300 雨水连接管，雨水连接管沟槽采用 C20 素混凝土（工程量按实计）回填至 12％石灰土顶面，再实施水泥稳定碎石基层。

5. 管材

DN225、DN300 雨水连接管均采用 UPVC 加筋管，满足《埋地排水用硬聚氯乙烯（PVC-U）结构壁管道系统 第 2 部分：加筋管材》GB/T 18477.2—2011，环刚度≥8kN/m²；d500～d1200 管采用Ⅱ级钢筋混凝土承插管，管材质量满足《混凝土和钢筋混凝土排水管》GB/T 11836—2009 的标准，顶管施工用 d1200 管采用 F 型钢筋混凝土管，管材质量满足《顶进施工法用钢筋混凝土排水管》JC/T 640—2010 的规范要求。

6. 管道基础及接口

① 基础：钢筋混凝土管采用 120°混凝土基础，F 管采用天然土基础。

② 接口：钢筋混凝土承插管、UPVC 管采用承插橡胶圈接口，F 管采用钢套环连接。

3.3 检查井

1. 窨井

d500 管道采用 φ1100 混凝土模块式雨水检查井，d800 管道采用 φ1300

混凝土模块式雨水检查井，详见《混凝土模块式排水检查井》12S522 P22～P28；YS4 和 YS8 采用矩形四通雨水检查井，详见《混凝土模块式排水检查井》12S522 P61～P74；其余 d1000～d1200 管道采用矩形直线雨水检查井，详见《混凝土模块式排水检查井》12S522 P33～P48，具体尺寸详见主要工程量汇总表。

8）防护网网绳断裂强力≥1600N；

9）防护网冲击力≥500J 的冲击，网绳不断裂。

2. 雨水口

雨水口采用 310mm×750mm 边沟式雨水井，井箅采用钢纤维单箅。

下面是污水管的说明截图。

3. 本段道路为新建道路。根据管线规划并征求各管线单位意见，本次设计管线综合共包括雨水、污水和电信三种管线。

4. 本册为污水管线单项施工图，污水管随道路敷设，污水管管径为 DN400。

3　管道部分

1. 主管

本次设计范围内设置污水管 1 根：位于道路左侧绿化带下，距道路中心线 7.0m 处，管径为 DN400。

5. 管材

DN400 管采用 HDPE 缠绕结构壁管，满足《埋地用聚乙烯（PE）结构壁管道系统　第 2 部分：聚乙烯缠绕结构壁管材》GB/T 19472.2—2017，环刚度≥8kN/m^2。

6. 管道基础及接口

① 基础：HDPE 缠绕结构壁管采用 360°砂石基础。

② 接口：HDPE 缠绕结构壁管采用热熔连接。

4　检查井

1. 窨井

DN400 管道采用 $\phi900$ 混凝土模块式污水检查井，详见《混凝土模块式排水检查井》12S522 P22～P28。

窨井施工时应避免将井盖设于侧石线上，在不影响其他管线的情况下，井位可根据现场情况适当调整。

污水检查井内需设防坠网，要求如下：

1）防护网直径 600～800mm（也可按照客户要求定制），承重不低于 300kg；

2）防护网网体、边绳由高强度聚乙烯等耐潮防腐材料制成；

3）防护网网体的网绳直径 6～8mm；

4）防护网以高强度聚乙烯为原料制成；

5）防护网所有网绳由不小于 3 股单绳制成；

6）防护网上的所有节点都牢固固定；

7）防护网形状为菱形或方形；其网目边长不应大于 250px；

8）防护网网绳断裂强力≥1600N；

9）防护网冲击力≥500J 的冲击，网绳不断裂。

3. 管道定位

管道纵断面图如图 3-2 所示。

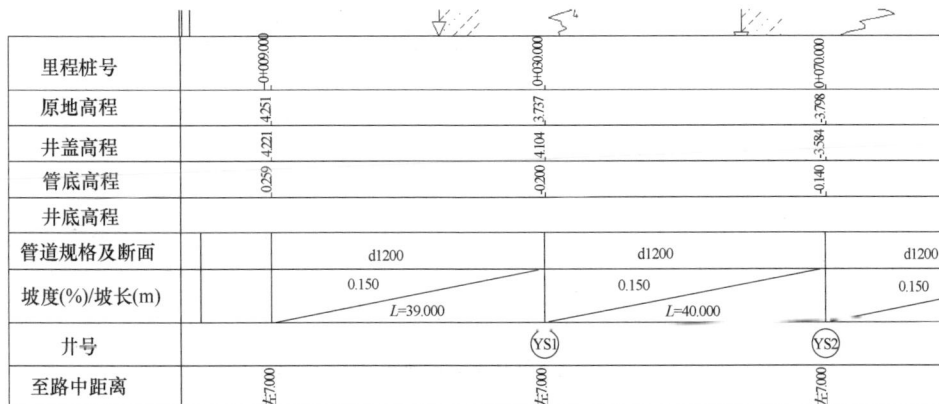

里程桩号	0+009.000	0+030.000	0+070.000
原地高程	4.251	3.737	-3.798
井盖高程	4.221	4.104	-3.584
管底高程	0.259	-0.200	-0.140
井底高程			
管道规格及断面	d1200	d1200	d1200
坡度(%)/坡长(m)	0.150 L=39.000	0.150 L=40.000	0.150
井号		YS1	YS2
至路中距离	7.000	7.000	7.000

图 3-2　管道纵断面图

管道是一条直线，两点确定一条直线，这个点是指检查井。为了方便检查，一般每隔20m或40m设置一个检查井，那么检查井是如何布置的呢？需要四个因素，分别为桩号、距离路中距离、左右半幅和标高。那么如何来找这些数据呢？通过管道纵断面图，如图3-3～图3-5所示。

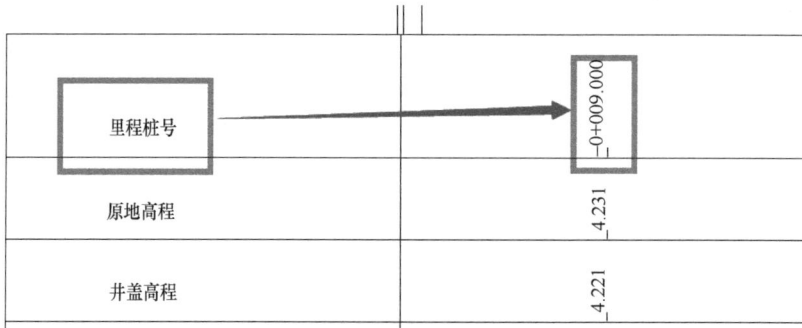

图 3-3　桩号

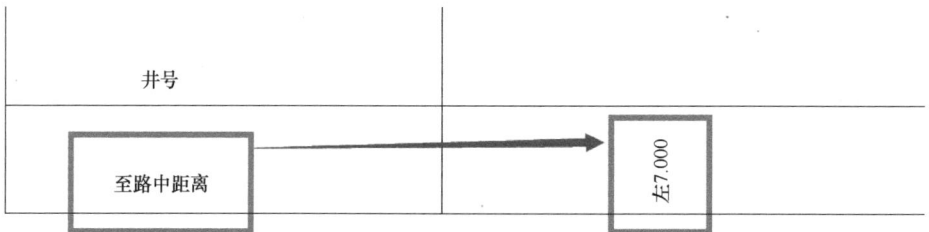

图 3-4　至路中距离

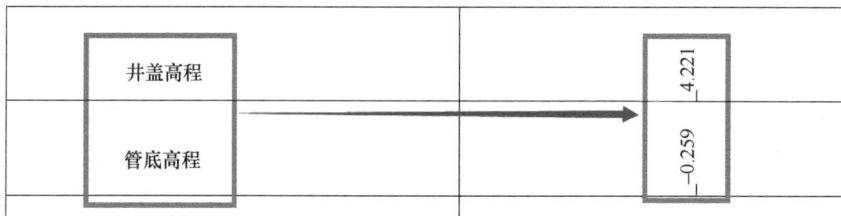

图 3-5　井盖和管底高程

每个检查井定位出来后，中心点连接就是管道的中心，这样整个管道现场就定位出来了，如图 3-6 所示。

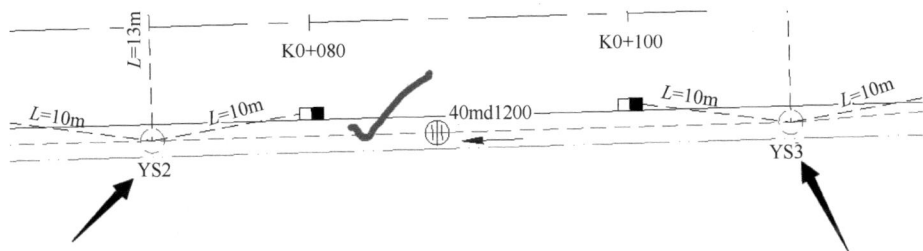

图 3-6 管道定位

4. 管道的起点和终点

管道的起点可能是新建的，也可能是接入旁边道路的管道，雨水管的终点是流向河流的。而污水管的终点是流向污水处理厂的，如图 3-7、图 3-8 所示。

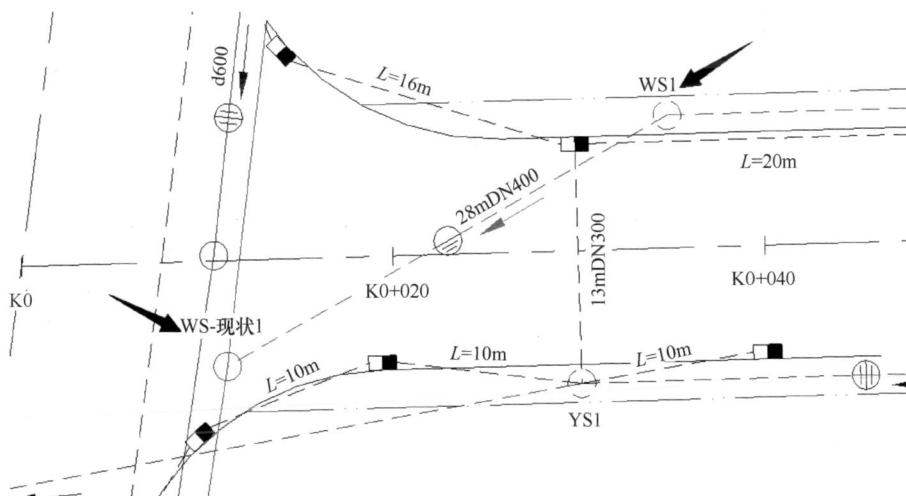

图 3-7 新建管道接入现状井

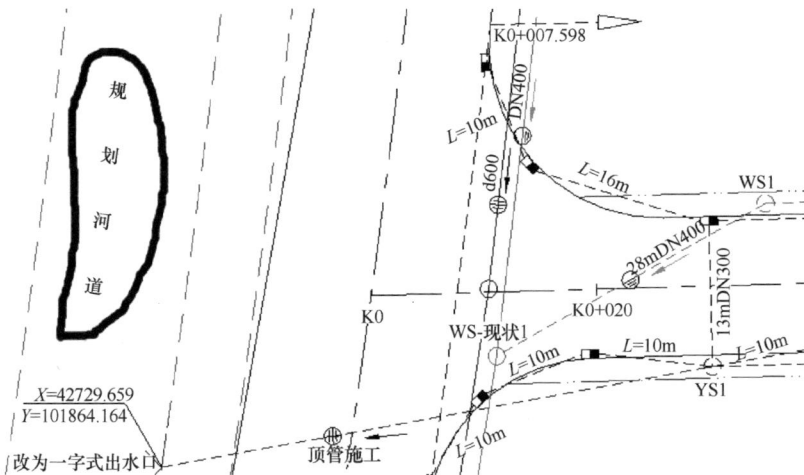

图 3-8 新建雨水管接入河道

5. 管道支管

为什么要设置管道支管呢？因为道路工程的两侧将来可能会建立小区。为了方便小区接入，所以无论是雨水管还是污水管都要设置支管，以防以后需要道路封闭施工，如图 3-9 所示。

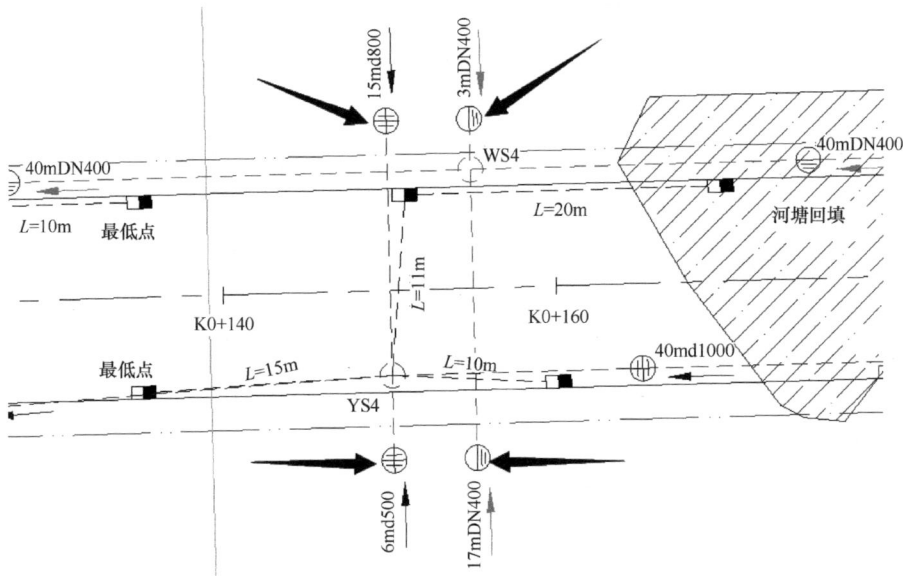

图 3-9 管道支管

6. 雨水进水井

（1）雨水井是雨水管道上或合流管道上收集雨水的构筑物，通过连接管流入雨水管道或合流管道中。雨水井的设置，以保证能迅速收集雨水为原则，常设置在交叉路口、路侧边沟及道路低洼的地方。道路上雨水进水井间隔距离25～30m（视汇水面积大小而定）。雨水进水井一般由铸铁制成，构造包括进水箅、井筒和连接部分。按一个雨水井设置的井箅数量多少，分为单箅、双箅、多箅雨水进水井。按进水箅在街道上设置的位置，可分为平箅式雨水井、立箅式雨水井及联合式雨水井。如图3-10～图3-12所示。

图 3-10　现场雨水箅子

（2）雨水井的井筒采用砖砌或钢筋混凝土制成，深度不大于1m（有冻胀地区可适当加深），底部可做成沉泥井，泥槽深不小于12cm。连接管最小管径为200mm，坡度0.01，长度小于25m。在同一连接管上的雨水井不超过3个。雨水井的井筒如图3-13所示。

（3）井箅安装：边沟雨水井处，井箅稍低于边沟底水平放置；边石雨水井，井箅嵌入边石垂直放置；联合式雨水井，在沟底和边石两侧都安放井箅。

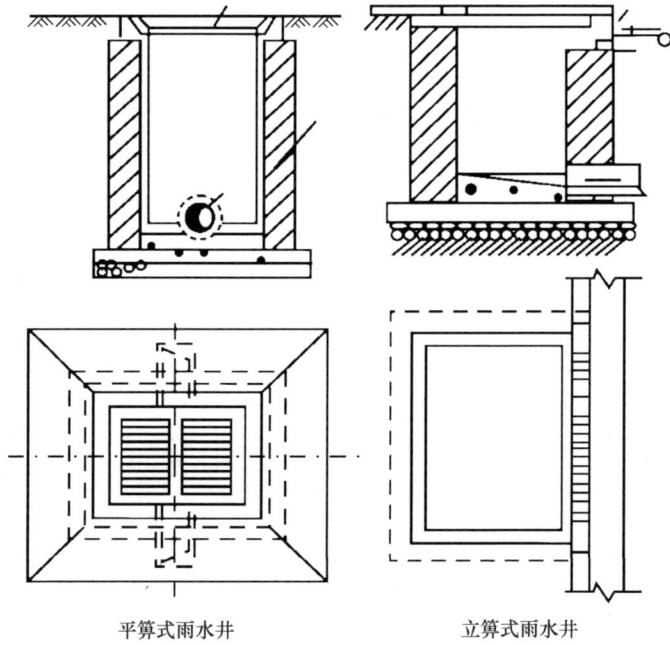

平算式雨水井　　　　　　　　　立算式雨水井

图 3-11　平算和立算

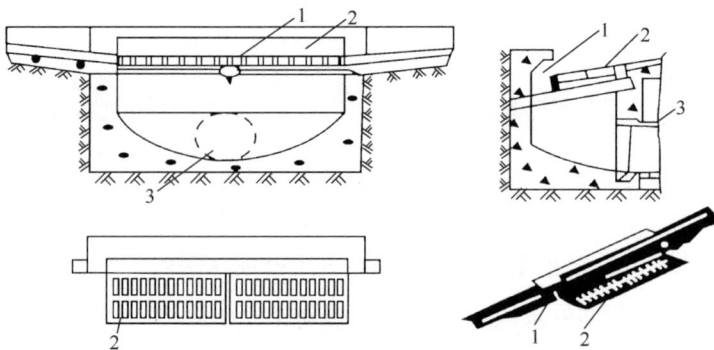

图 3-12　联合式雨水井

1—边石进水箅；2—边沟进水箅；3—连接管

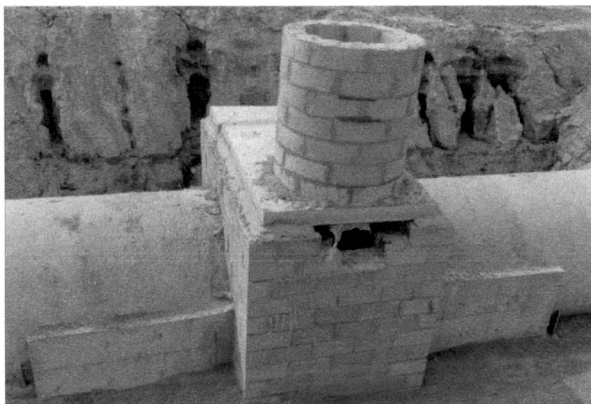

图 3-13　雨水井的井筒

（4）在图纸中的表现形式：

首先看一下管道说明中关于雨水连接管的做法（图 3-14）。

雨水管竣工图说明

4、雨水口连接管

雨水口连接管采用 DN225、DN300UPVC 加筋管，纵坡不小于 1.0％，当道路 12％石灰土顶面实施结束后，反开挖施工 DN225、DN300 雨水连接管，雨水连接管沟槽采用 C20 素混凝土（工程量按实计）回填至 12％石灰土顶面，再实施水泥稳定碎石基层。

图 3-14　雨水管竣工图说明

其次图 3-15 中圈出来的地方表示雨水井，是用来收集雨水的，它在侧平石

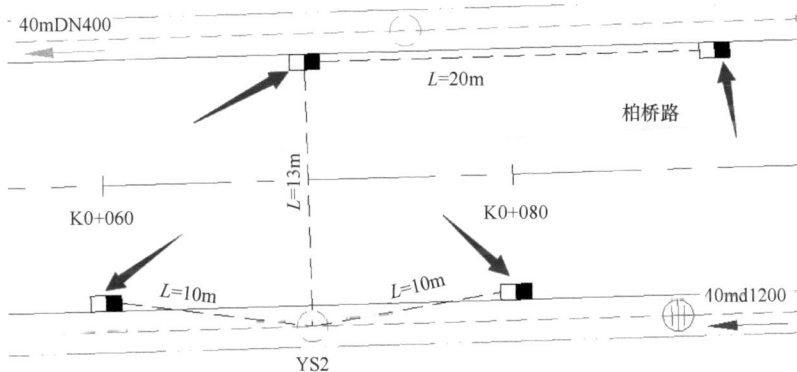

图 3-15　雨水进水井

的交界处，因为道路工程是中间高、两边低，雨水汇集到这个地方，如图 3-16 所示。

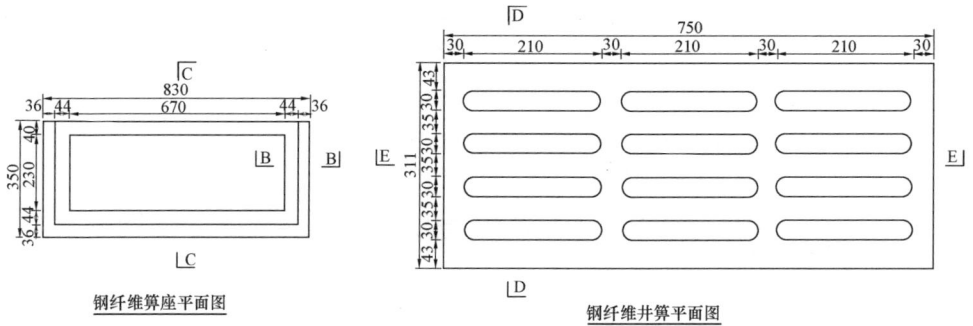

图 3-16　雨水箅子图纸

最后图 3-17 中的虚线表示雨水支管，通过这个支管，把雨水汇集到主管道，最终流向河流，如图 3-18 所示。

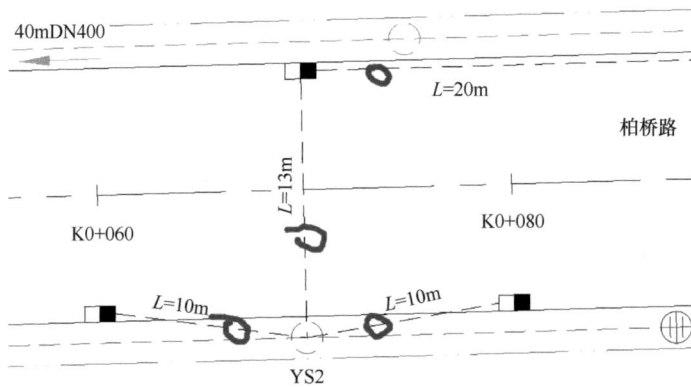

图 3-17　雨水支管

图 3-18　雨水支管现场图

7. 雨水管支管

　　雨水管道除了主管道之外，还需要雨水支管、雨水井来收集地面的雨水，因为道路是中间高、两边低，雨水会汇集于侧平石的交界处，所以雨水箅子就设置在这里，方便收集里面的积水，图 3-19、图 3-20 中虚线就是雨水支管，方框表示雨水井。雨水箅子分布在道路的两侧，最终汇集到雨水支管，其中雨水支管的过路管一般需要用混凝土包封，因为路面上会有车经过，压力比较大。

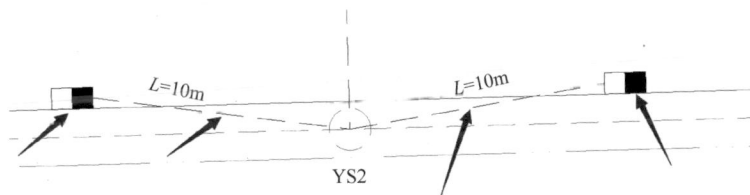

图 3-19　雨水管支管平面图（一）

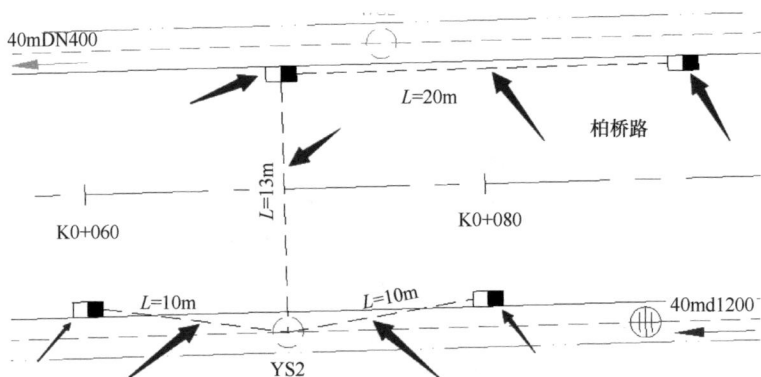

图 3-20　雨水管支管平面图（二）

8. 不同管材的铺设工艺及计量方法

给水排水工程选用的管材分为金属管材与非金属管材两大类。对给水排水工程用材的基本要求，一是有一定的机械强度和刚度；二是管材内外表面光滑，水力条件较好；三是易加工，且有一定的耐腐蚀能力。在保证质量的前提下，应选择价格低廉、货源充足、供货方便的管材。

金属管材分为无缝钢管、有缝钢管（焊接钢管）、铸铁管、铜管、不锈钢管等；非金属管材分为塑料管、玻璃钢管、混凝土管、钢筋混凝土管等。

在给水排水管道工程施工中，除了需要各种管材、管件外，还需要各种管道附件。管道附件主要有阀门、测量仪表等。

阀门是给水排水、供热、燃气工程中应用极其广泛的一种部件，其作用是关闭或开启管道以及调节管道介质的流量和压力。按照阀门的功能和结构特点，可分为截止阀、闸阀、节流阀、球阀、蝶阀、隔膜阀、旋塞阀、止回阀、安全阀、疏水阀等。

管件常用的有弯管、三通管、四通管。弯管按形状分为 90°、45°和弯曲形污水管；三通管按形状分为 45°、90°承插三通管；四通管有 45°承插四通管和 90°承插四通管。此外，还有不常用的管件，如存水弯管分为 P 形、S 形，套管又有圆径套管、异径套管。

管道铺设的工程量按其不同材质、接口方式和管径计算。按施工图设计管道中心线长度以延长米计，不扣除阀门和管件（包括减压器、疏水器、水表、伸缩器等成组安装）所占长度。

9. 混凝土管道铺设

我们来看一下管道说明中关于管道的说法。

---

5. 管材

DN225、DN300 雨水连接管均采用 UPVC 加筋管，满足《埋地排水用硬聚氯乙烯（PVC-U）结构壁管道系统　第 2 部分：加筋管材》GB/T 18477.2—2011，环刚度≥8kN/m²；d500～d1200 管采用 Ⅱ 级钢筋混凝土承插管，管材质量满足《混凝土和钢筋混凝土排水管》GB/T 11836—2009 的标准，顶管施工用 d1200 管采用 F 型钢筋混凝土管，管材质量满足《顶进施工法用钢筋混凝土排水管》JC/T 640—2010 的规范要求。

6. 管道基础及接口

① 基础：钢筋混凝土管采用 120°混凝土基础，F 管采用天然土基础。

② 接口：钢筋混凝土承插管、UPVC 管采用承插橡胶圈接口，F 管采用钢套环连接。

（1）管道铺设时首先应稳定管道。排水管道的安装常用坡度板法和边线法控制管道中心与高程，边线法控制管道中心和高程比坡度板法速度快，但准确度不如坡度板法。混凝土管道如图 3-21 所示。

图 3-21　混凝土管道

用坡度板法控制安装管道的中心与高程时，坡度板埋设必须牢固，而且要方便安管过程中的使用，因此对坡度板的设置有以下要求：

1）坡度板常采用 50mm 厚木板，长度根据沟槽上口宽，一般离槽每边不小于 500mm，埋设必须牢固；

2）坡度板设置间距一般为 10m，最大间距不宜超过 15m，必须设置管道转向及检查井；

3）单层槽坡度板设置在槽上口跨地面，坡度板距槽底以不超过 3m 为宜，多层槽坡度板设置在下层槽上口跨槽台，距槽底也不宜大于 3m；

4）在坡度板上测量管道中心与高程时，中心钉应钉在坡度板顶面一侧紧贴中心钉一侧的高程板上（图 3-22）；

5）坡度板上应标明桩号（井室外的坡度板同时标明井室号）及高程钉至各有关部位的下反常数、变换常数，应在坡度板两面分别书写清楚，并分别标明其所用高程钉。

边线法的设置（图 3-23）要求如下：

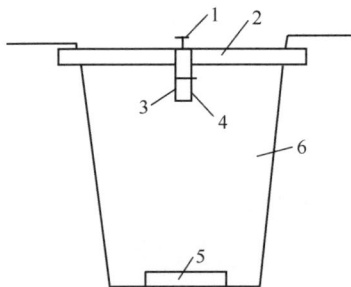

图 3-22　坡度板法安管示意图

1—中心钉；2—坡度板；3—立板；
4—高程钉；5—管道基础；6—沟槽

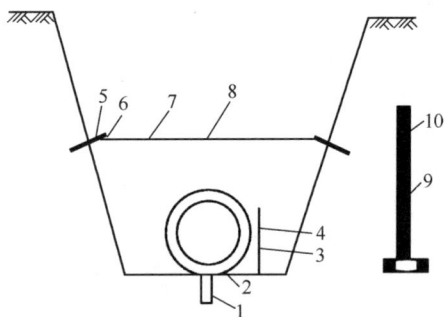

图 3-23　边线法安管示意图

1—给定中线桩；2—中线钉；3—边线铁杆；
4—边线；5—高承桩；6—高程钉；7—高程辅助线；
8—高程线；9—高程尺杆；10—标记

1）在槽底给定的中线桩一侧钉边线铁杆，上挂边线，边线高度应与管中心高度一致，边线距管中的距离等于管外径的 1/2 加上一个常数（常数以小于 50mm 为宜）；

2）在槽帮两侧适当的位置打入高程桩，其间距 10m 左右（不宜大于 15m）一对，并施测高程钉。连接槽两帮高程桩上的高程钉，在连线上挂上纵向高程线，用眼"串"线看有无折点、是否正常（线必须拉紧查看）；

3）根据给定的高程下反常数，在高程尺杆上量好尺寸，刻写上标记，经核对无误，再安装管道。

（2）排水管道铺设的几种常用方法：

一是"四合一"施工法。即将混凝土平基、稳管、管座、抹带四道工艺合在一起施工的做法。这种方法速度快、质量好，是公称通径小于或等于 600mm 管道普遍采用的方法。其施工程序为：验槽→支模→下管→排管→四合一施工→养护。

支模、排管施工时，根据需要，第一次支模略高于平基，呈 90°。模板材料一般采用 15cm×15cm 的方木，方木高程不够时可用木板补平。木板与方木用钢钉钉牢，模板内侧用支杆临时支撑，方木外侧钉钢钎，以免安装管道时模板滑动。

管子下至沟内时，利用模板作为导木，在槽内滚动运至安装地点，然后将管子顺排在一侧方木模板上，使管子重心落在模板上，倚在槽壁上，比较容易滚入模板内，并将管口洗刷干净。

若为 135°和 180°管座基础，模板宜分两次支设，上部模板待管子铺设合格后再支设。

"四合一"施工做法如下：

1）平基：灌筑平基混凝土时，一般使平基高出设计平基面 20～40mm（视管径大小而定），并进行捣固。管径 400mm 以下者，可将管座混凝土与平基一次灌齐，并将平基面做成弧形以利于稳管。

2）稳管：将管子从模板上滚至平基弧形内后，前后揉动，将管子揉至设计高程（一般高于设计高程 1～2mm，以备下一节时又稍有下沉），同时控制管子中心线位置的准确。

3）管座：完成稳管后，立即支设管座模板，浇筑两侧管座混凝土，捣固管座两侧运角区，填补对口砂浆，抹平管座两肩。若管道采用钢丝网水泥拌浆抹带接口，混凝土捣固应注意钢丝网位置正确；同时配合勾捻相应的管内缝，管径在 600mm 以下时可采用麻袋球或其他工具在管内来回拖动，将管口处的砂浆抹平。

4）抹带：管座混凝土灌筑后，马上进行抹带。随后勾捻内缝，抹带与稳管至少相隔 2～3 节管，以免稳管时不小心碰撞管子，影响接口质量。

二是垫块法。在排水管道施工中，把先在预制混凝土垫块上安管（稳管），再浇筑混凝土基础和接口的施工方法称为垫块法。垫块法施工程序为：预制垫块→安装垫块→下管→在垫块上安管→支模→浇筑混凝土基础→接口→养护。

预制混凝土垫块强度等级同混凝土基础，垫块的几何尺寸：长为管径的 0.7 倍；高等于平基厚度，允许偏差 ±10mm；宽大于或等于高。每节管垫块一般为 2 个。

三是平基法。指在排水管道施工中，首先浇筑平基混凝土，待平基达到一定强度后再下管、安管（稳管）、浇筑管座及抹带接口的施工方法。这种方法常用于雨水管道，尤其适用于地基不良或雨期施工的场合。平基法施工程序为：支平基模板→浇筑平基混凝土→下管→安管（稳管）→支管座模板→浇筑管座混凝土→抹带接口→养护。

（3）管道接口：

混凝土管的规格为：直径 100～600mm，长 1000mm；钢筋混凝土管直径 200～3000mm，长 2000mm。管口形式有承插口、平口、圆弧口、企口，如图 3-24 所示。混凝土管和钢筋混凝土管的接口形式分为刚性和柔性两种。

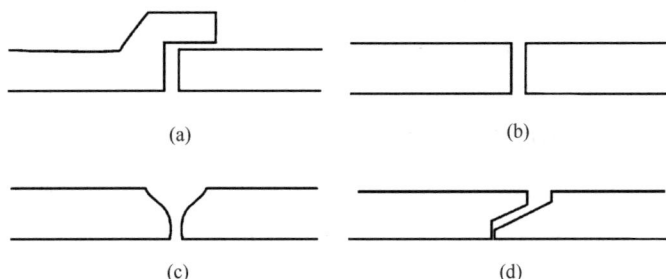

图 3-24　管口形式

(a) 承插口；(b) 平口；(c) 圆弧口；(d) 企口

　　一是水泥砂浆抹带接口。这是一种常用的刚性接口，一般在地基较好、管径较小时采用。水泥砂浆抹带接口施工程序为：浇筑管座混凝土→勾捻管座部分管内缝→管带与管外皮及基础结合处凿毛清洗→管座内缝支垫托→抹带→勾捻管座以上内缝→接口养护。水泥砂浆抹带材料及重量配合比：水泥采用强度等级为 32.5 级水泥，砂子应过 2mm 孔径筛子（斜放），含泥量不得大于 2%，含水率一般不大于 0.5，勾捻内缝为：水泥∶砂＝1∶3，水一般不大于 0.5。水泥砂浆抹带接口工具有浆桶、刷子、铁抹子，弧形抹子的形状可用 2～3mm 厚钢板制作，并有一定的弹性。如图 3-25 所示。

图 3-25　现场管道接口

抹带要求如下：

1）抹带前，将管口及管带覆盖到的管外皮刷干净，并刷水泥浆一道；

2）抹第一层砂浆（卧底砂浆）时，应注意找正，使管缝居中，厚度约为带厚的 1/3，并压实，使之与管壁粘结牢固，在表面划成线槽，以利于与第二层结合（管径 400mm 以内者，抹带可一次完成）；

3）待第一次砂浆初凝后抹第二层，用弧形抹子挣压成形，待初凝后再用抹子赶光压实；

4）带、基相接处三角形灰要饱实，大管径可用砖模，防止砂浆变形。

公称通径大于或等于 700mm 的管子勾捻内缝要求如下：

1）管座部分内缝应配合浇筑混凝土时勾捻；管座以上的内缝应在管带内缝初凝后勾捻，也可在抹带之前勾捻，即抹带前先将管缝支上内托，从外部用砂浆填空，然后拆去内托，将内缝勾捻平整，再进行抹带；

2）勾捻管内缝时，人在管内先用水泥砂浆将内缝填实抹平，然后反复捻压密实，灰浆不得高出管内壁。

公称通径小于700mm的管子，应配合浇筑管座时勾捻，用麻袋球或其他工具在管内来回拖动，将流入管内的灰浆抹平。

二是钢丝网水泥砂浆抹带接口。这种接口由于在抹带层内埋置20号10mm×10mm的方格钢丝网，因此接口强度高于水泥砂浆抹带接口。其施工程序为：管口凿毛清洗（管径≤500mm者刷去浆皮）→浇筑管座混凝土，将钢丝网片插入管座的对口砂浆中并以抹带砂浆补充肩角→勾捻管内下部管缝→为勾上部内缝支托架→抹带（素灰、打底、安钢丝网片、抹上层、赶压、拆模等）→勾捻管内上部管缝→内外管口养护。如图3-26所示。

图3-26　钢丝网水泥砂浆抹带接口

抹带要求如下：

1）抹带前，将已凿毛的管口洗刷干净并刷水泥浆一道，在带的两侧安装好弧形边模；

2）抹带第一层砂浆应压实，与管壁粘牢，厚 15mm 左右，待底层砂浆稍凉有浆皮后，将两片钢丝网包拢，使其挤入砂浆浆皮中，用 20 号或 22 号钢丝（镀锌）扎牢，同时要把所有的钢丝网头塞入网内，使网面平整，以免产生小孔漏水；

3）第一层水泥砂浆初凝后，再抹第二层水泥砂浆，使之与模板平齐，砂浆初凝后赶光压实；

4）抹带完成后立即养护，一般 4～6d 可以拆模，应轻敲轻卸，避免碰坏带的边角，然后继续养护。

勾捻内缝及接口养护方法与水泥砂浆抹带接口相同。钢丝网水泥砂浆接口的闭水性较好，常用于雨水管道接口，管座采用 120°或 180°。

三是现浇混凝土套环接口。 这种接口刚度好，常用于污水管道的接口。采用混凝土强度等级一般为 C20；捻缝用 1∶3 水泥砂浆，配合比为：水泥∶砂∶水＝1∶3∶0.5；钢筋为 HPB235，直径 φ8mm。捻缝与混凝土浇筑相配合进行。其施工程序为：浇筑管基→凿毛与管相接处的管基，并清刷干净→支马鞍形接口模板→浇筑混凝土→养护后拆模→养护。如图 3-27 所示。

图 3-27　现浇混凝土套环接口

四是承插管水泥砂浆接口。这种接口一般适用于小口径雨水管道施工。水泥砂浆配合比为：水泥：砂：水＝1：2：0.5。其施工程序为：清洗管口→安装第一节管，并在承口下部填满砂浆→安装第二节管，接口缝隙填满砂浆→将挤入管内的砂浆及时抹光并清除→湿养护。

五是承插管沥青油膏柔性接口。这是利用一种粘结力强、高温不流淌、低温不脆裂的防水油膏进行承插管接口，施工较为方便。沥青油膏有成品，也可自配。这种接口适用于小口径承插口污水管道。沥青油膏重量比为：石油沥青：松节油：废机油：石棉灰：滑石粉＝100：11.1：44.5：77.5：119。其施工程序为：清刷管口保持干燥→刷冷底子油→油膏捏成圈条备用→安装第一节管→将粗油膏条垫在第一节管承口下部→插入第二节管→用麻絮填塞上部及侧面沥青油膏条。

10．塑料管道铺设

排水硬聚氯乙烯（UPVC）管常用于室内排水管，具有重量轻、价格低、阻力小、排水量大、表面光滑美观、耐腐蚀、不易堵塞、安装维修方便等优点，排水硬聚氯乙烯管一般采取承插粘结。排水硬聚氯乙烯直管及粘结承口规格如图 3-28所示。

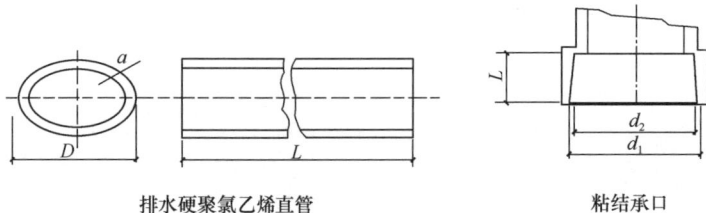

排水硬聚氯乙烯直管　　　　　　　　粘结承口

图 3-28　排水硬聚氯乙烯直管及粘结承口

11．铸铁管件安装

铸铁排水管件有弯管（弯头）、三通管、四通管等。常用管件介绍如下：

（1）弯管。又称为弯头。按其形状分为45°弯管、90°弯管和弯曲形污水管（乙字弯）。

90°弯管用于水流呈 90°急转弯处；45°弯管用于水流呈 135°转弯处及加大回转半径时用两个 45°弯管代替 90°弯管使用。例如，室内排水立管与排出管连接处采用两个 45°弯头，以改善水流条件；弯曲形污水管（乙字弯）用于立管轴线有较小改变处。为了便于疏通，有一种带清扫口的 90°弯管，常用于明装需要清通的 90°转弯处。

（2）三通管。按其形状分为 45°承插三通管和 90°承插三通管。

三通管用于水流呈 45°或 90°汇集处。由于 45°承插三通管水流条件优于 90°承插三通管，因此，室内排水应尽量采用 45°承插三通管。

（3）四通管。有 45°承插四通管和 90°承插四通管，用于水流呈十字汇集处。45°承插四通管水流条件优于 90°承插四通管，应尽量采用。

（4）存水弯管。设置在卫生器具排水管下的存水弯管具有平衡排水管内压力、防止有害气体窜入室内的功能。按其形状分为 P 形存水弯管和 S 形存水弯管两种。

（5）套管。又称套袖、套筒，用于管道的连接。套管按形状分为同径套管和异径套管。异径套管又称为大小头。

（6）承插短管。又称有门短管，设在室内排水立管上，设置高度距地坪 1.0m，其作用是便于立管的清通。

排水管件还有扫除口、地漏等，它们的尺寸和重量可参见给水排水手册或材料手册等有关资料。

12. 塑料管件安装

排水硬聚氯乙烯管件，主要有带承插口的 T 形三通和 90°肘形弯头、带承插口的三通、四通和弯头。除此之外，还有 45°弯头、异径管和管接头（管箍）等，它们的规格可查有关手册。

13. 砌筑检查井

为便于对管渠系统做定期检查和清通，必须设置检查井。当检查井内衔接的上下游管渠的管底标高跌落差大于 1m 时，为消减水流速度、防止冲刷，在检查井内应有消能措施，这种井称为跌水井。当检查井内具有水封设施，以便隔绝易爆、易燃气体进入排水管渠，使排水管渠在进入可能遇火的场地时不致引起爆炸或火灾，这样的检查井称为水封井。这两种检查井属于特殊的检查井，或称为特种检查井。砌筑井的大样图见图3-29，现场砌筑图见图3-30。

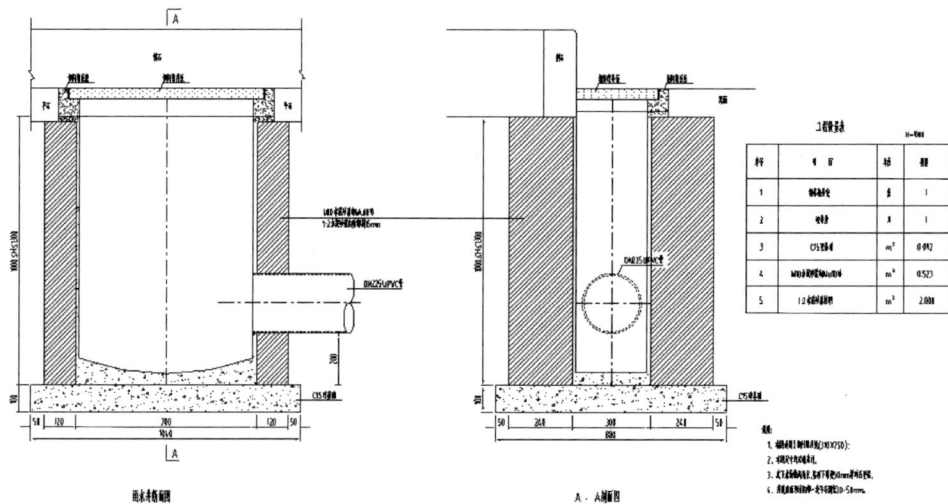

图 3-29　砌筑井的大样图

图 3-30　现场砌筑图

（1）砌筑检查井的材料

砌筑检查井的材料有砖、石料和砂浆。

市政给水排水构筑物大多采用机制普通黏土砖砌筑而成。砌筑井室用砖应采用普通黏土砖，其强度不应低于 M7.5，并应符合国家普通黏土砖现行标准的规定。机制普通黏土砖的外形为直角平行六面体，标准尺寸为 240mm×115mm×53mm。在砌筑时考虑灰缝为 10mm，则每 4 块砖长、8 块砖宽和 16 块砖厚的长度约为 1m，每块砖重约为 2.5kg。

砌筑石材分为毛石和料石两大类。毛石又称片石或块石，是经过爆破直接获得的石块。按平整程度又可分为乱毛石和平毛石。料石又称条石，是由人工或机械开采出的较为规则的六面体石块，再经凿琢而成，按其加工后的外形规则程度分为毛料石、粗料石、半细料石和细料石等，砌筑用的石料应采用质地坚实、无风化和裂纹的料石或块石，其强度等级不应低于 MU20 及设计要求。

除上述材料外，有时工程中还使用混凝土砌块。混凝土砌块的抗压强度、抗渗、抗冻指标应符合设计要求，其尺寸偏差应符合国家现行有关标准规范的规定。

（2）定型井名称、定型图号、尺寸

1）砖砌圆形雨水、污水检查井：井径有 700mm、1000mm、1250mm、1500mm、2000mm、2500mm，井深分别是 2m、2.5m、3m、3.5m、4m、4.5m、5m、5.5m、6m，适用于管径 1500mm 以下的管道。

2）砖砌跌水检查井：井深一般大于 3m，跌差高度大于 1m。

3）砖砌竖槽式跌水井：井深一般大于 3m，跌差高度大于 1m。此井适用于直径等于或小于 400mm 的管道。当管径不大于 200mm 时，一次落差不宜超过 6m；当管径为 300～400mm 时，一次落差不宜超过 4m。

4）砖砌阶梯式跌水井：井深 3.5m，适用于管径 700～1100mm，跌差高度 1.5m 以内；井深 4m，适用于管径 700～1350mm，跌差高度 2m 以内；井深 4.5m，适用于管径 1200～1650mm，跌差高度 2m 以内。

5）砖砌污水闸槽井：井深一般为 2.5m，规格有 1300mm×1700mm、1300mm×1800mm、1300mm×1900mm、1300mm×2000mm 四种，对应的管径分别为 700mm、800mm、900mm、1000mm。

6）砖砌矩形直线雨水、污水检查井尺寸见表 3-1。

砖砌矩形直线雨水、污水检查井尺寸表　　　　　　　表 3-1

名称＼项目	规格（mm）	管径（mm）	井深（m 以内）
雨水检查井	1100×1100	800	3
	1100×1200	900	3
	1100×1300	1000	3.5
	1100×1400	1100	3.5
	1100×1500	1200	3.5
	1100×1650	1350	3.5
	1100×1800	1500	4
	1100×1950	1650	4
	1100×2100	1800	4
	1100×2300	2000	4.5
污水检查井	1100×1100	800	3.5
	1100×1200	900	3.5
	1100×1300	1000	3.5
	1100×1400	1100	4
	1100×1500	1200	4
	1100×1650	1350	4
	1100×1800	1500	4

7）砖砌矩形一侧交汇雨水、污水检查井尺寸见表 3-2。

砖砌矩形一侧交汇雨水、污水检查井尺寸表　　　　　　表 3-2

名称＼项目	规格（mm）	管径（mm）	井深（m 以内）
雨水检查井	1650×1650	900～1000	3.5
	2200×2200	1100～1350	3.5
	2630×2630	1500～1650	4
	3150×3050	1800～—2000	4.5
污水检查井	1650×1650	900～1000	3.5
	2200×2200	1100～1350	3.5
	2630×2630	1500～1650	4

8）砖砌矩形两侧交汇雨水、污水检查井尺寸见表 3-3。

砖砌矩形两侧交汇雨水、污水检查井尺寸表　　　　　表 3-3

项目 名称	规格（mm）	管径（mm）	井深（m 以内）
雨水检查井	2000×1500	900	3.5
	2200×1700	1000～1100	3.5
	2700×2050	1200～1350	4
	3300×2480	1500～1650	4
	4000×2900	1800×2000	4.5
污水检查井	2000×1500	900	3.5
	2200×1700	1000～1100	3.5
	2700×2050	1200～1350	4
	3300×2480	1500～1650	4

9）砖砌 30°扇形雨水检查井：井深 3m，适用于管径 800～900mm；井深 3.5m，适用于管径 1000～1350mm；井深 4m，适用于管径 1500～1650mm、1800mm；井深 4.5m，适用于管径 2000mm。

10）砖砌 30°扇形污水检查井：井深 3.5m，适用于管径 800～900mm、1000～1100mm、1200～1350mm；井深 4m，适用于管径 1500～1650mm、1800mm；井深 4.5m，适用于管径 2000mm。

11）砖砌 45°、60°、90°扇形雨水检查井：井深尺寸同砖砌 30°扇形雨水检查井。

12）砖砌 45°、60°、90°扇形污水检查井：井深尺寸同砖砌 30°扇形污水检查井。

13）砖砌雨水进水井：井深不大于 1m（有冻胀地区可适当加大），底部可做成沉泥井，泥槽深不小于 12mm，连接管最小管径 200mm，坡度 0.01，长度小于 25m。

14）砖砌连接井：由两口或两口以上的井相互连通的井群称为连接井。适用于管径 800mm、900mm、1000mm、1100mm、1200mm、1350mm、1500mm、1650mm、1800mm、2000mm。

（3）养生

水泥稳定土分层施工时，下层水泥稳定土碾压完成后，过一天后就可以铺筑上层水泥稳定土，不需经过 7d 养生期。在铺筑上层稳定土之前，应始终保持下层表面湿润。当室外最低温度不低于－15℃、地面以下的工程或表面系数不大于 15m 的结构，应优先采用蓄热法养生。

（4）砌筑

1）在已安装完毕的排水管的检查井位置，放出检查井中心位置线，按检查井半径摆出井壁砖墙位置。

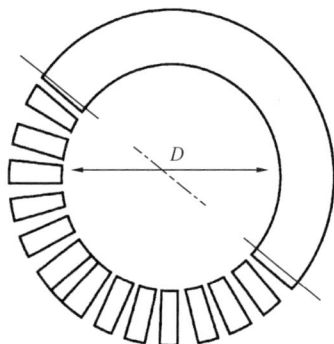

图 3-31　全丁 24 墙砌筑

2）在检查井基础面上，先铺砂浆后再砌砖，一般圆形检查井采用全丁 24 墙砌筑，如图 3-31 所示。采用内缝小、外缝大的摆砖方法，外灰缝塞碎砖，以减少砂浆用量。每层砖上下皮竖灰缝应错开，随砌筑随检查弧形尺寸。

3）井内踏步，应随砌随安装随坐浆，其埋入深度不得小于设计规定（参见国家相关标准）。踏步安装后，在砌筑砂浆未达到规定强度前不得踩踏。混凝土检查井井壁的踏步在预制或现浇时安装。

4）排水管管口伸入井室 30mm。当管径大于 300mm 时，管顶应砌砖圈加固，以减少管顶压力；当管径大于或等于 1000mm 时，拱圈高应为 250mm；当管径小于 1000mm 时，拱圈高应为 125mm。

5）砖砌圆形检查井时，随砌随检测检查井直径尺寸。当需收口时，若四面收进，则每次收进不应超过 30mm；若三面收进，则每次收进不超过 50mm。

6）排水检查井内的流槽，应在井壁砌到管顶时进行砌筑，污水检查井流槽的高度与管顶齐平；雨水检查井流槽的高度为管径的 1/2。当采用砖砌筑时，表面应用 1∶2 水泥砂浆分层压实抹光，流槽应与上下游管道接顺。

7）砌筑检查井的预留支管应随砌随安装，预留管的管径、方向、标高应符合设计要求。管与井壁衔接处应严密，不得漏水，预留支管口宜用低强度等级砂浆砌筑，封口抹平。

（5）勾缝要求

砌筑检查井、井室和雨水口的内壁应用原浆勾缝。有抹面要求时，内壁抹面应分层压实，外壁用砂浆搓缝应严密，其抹面、勾缝、坐浆、抹三角灰等均采用1：2水泥砂浆，抹面、勾缝用水泥砂浆的砂子应过筛。勾缝一般采用平缝，要求勾缝砂浆塞入灰缝中，应压实拉平、深浅一致，横竖缝交接处应平整。

（6）抹面要求

当无地下水时，污水井内壁抹面高度抹至工作顶板底；雨水井抹至底槽顶以上200mm。其余部分用1：2水泥砂浆勾缝。当有地下水时，井外壁抹面，其高度抹至地下水位以上500mm，抹面厚度20mm抹面时用水泥板搓平，待水泥砂浆初凝后及时抹光、养护。

（7）井盖安装

检查井、井室及雨水口砌筑安装至规定高程后，应及时浇筑或安装井圈，盖好井盖。安装时，砖墙顶面应用水冲刷干净，并铺砂浆，按设计高程找平。井口安装就位后，井口四周用1：2水泥砂浆嵌牢，井口四周围成45°。安装铸铁井口时，核准标高后，井口周围用C20细石混凝土填牢。

14. 模块式检查井

模块式检查井就是用检查井模块砖砌筑而成的检查井，这种模块式检查井相对于传统红砖砌的检查井体现出国家工程技术的进步，模块式检查井参照《混凝土模块式排水检查井》12S522图集砌筑。

模块式检查井的施工工艺：

（1）施工过程

准备混凝土垫子→井房中的井→建造的水箱，一个步骤安装一个盖子，安装→井管砌体→面条接缝→口气→封口和人孔盖安装。

（2）材料准备

1）选择支撑模块。混凝土模块必须及时准备。该模块必须在施工现场提供产品合格证书，表明制造商的强度水平、模块、型号批次和生产日期。

2）在安装井墙模块之前，制作基本的垫子。基础应位于土壤良好的土壤层上。首先，必须对基础进行处理。处理方法：使用30cm的石材＋C15混凝土灌浆，然后使用C15纯混凝土作为垫子。

3）模块式检查井，沙质、水泥和外部代理（如砖、石、砂浆）必须有保修书或重新检查报告。如图 3-32～图 3-34 所示。

图 3-32 现场模块式检查井模块

图 3-33 模块式检查井

图3-34 现场模块式检查井

雨水检查井说明如下所示：

1. 窨井

d500 管道采用 φ1100 混凝土模块式雨水检查井，d800 管道采用 φ1300 混凝土模块式雨水检查井，详见《混凝土模块式排水检查井》12S522 P22～P28；YS4 和 YS8 采用矩形四通雨水检查井，详见《混凝土模块式排水检查井》12S522 P61～P74；其余 d1000～d1200 管道采用矩形直线雨水检查井，详见《混凝土模块式排水检查井》12S522 P33～P48，具体尺寸详见主要工程量汇总表。

窨井施工时应避免将井盖设于侧石线上，在不影响其他管线的情况下，井位可根据现场情况适当调整，雨水口等结构物均采用水泥砖砌筑。

雨水检查井内需设防坠网，要求如下：

（1）防护网直径 600～800mm（也可按照客户要求定制），承重不低于 300kg；

（2）防护网网体、边绳由高强度聚乙烯等耐潮防腐材料制成；

（3）防护网网体的网绳直径 6～8mm；

（4）防护网以高强度聚乙烯为原料制成；

（5）防护网所有网绳由不小于 3 股单绳制成；

（6）防护网上的所有节点都牢固固定；

（7）防护网形状为菱形或方形；其网目边长不应大于 250px。

15. 其他砖砌井

井室的形式可根据附件的类型、尺寸确定，并参照市政管道工程及附属设施标准设计图集选用（图 3-35），现场砌筑图如图 3-36 所示。

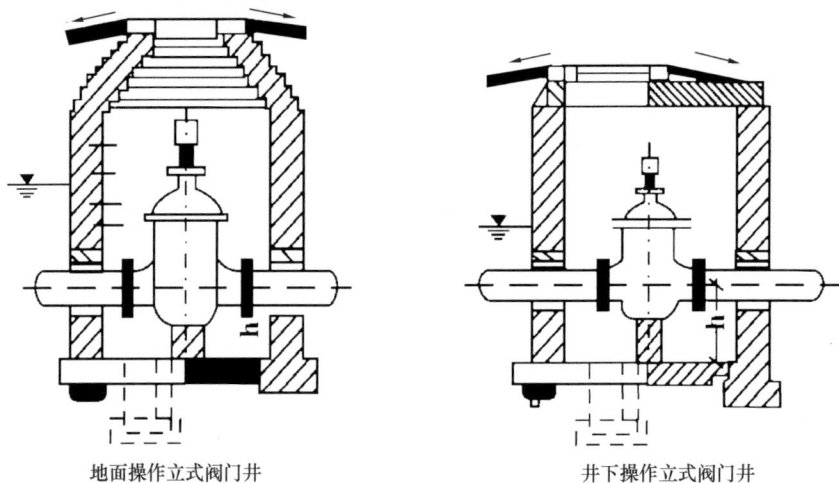

地面操作立式阀门井   井下操作立式阀门井

图 3-35 井室

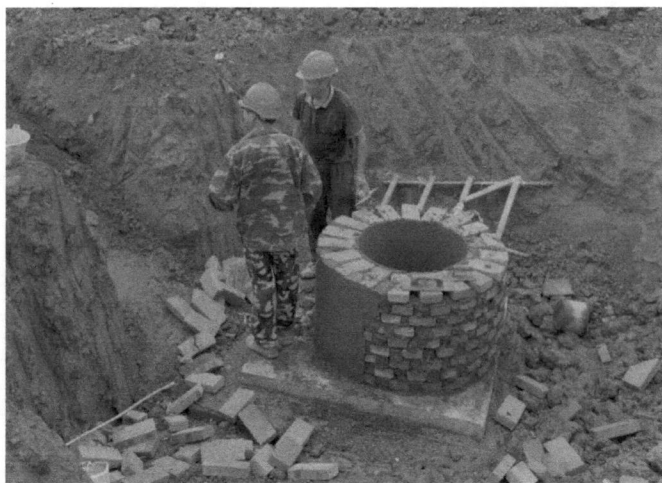

图 3-36 现场砌筑图

（1）质量要求

1）井室底的标高在地下水位以上时，基础应为素土夯实；在地下水位以下时，基层应浇筑 C15 混凝土，厚度不小于 100mm。

2）井室的规格尺寸、位置、标高应符合设计要求，砌筑材料符合要求，抹灰层严密，不透水。

3）各类井室的井盖应符合设计要求，应有明显的文字标志。各种井盖不得混用。

4）设在通车路面下或小区道路下的各种井室，必须使用重型井圈、井盖，井盖表面与路面相平，允许偏差为±5mm；绿化带上和不通车的地方可采用轻型井圈和井盖，井盖的上表面应高出地坪 50mm，并在井口周围以坡度 0.02 向外做水泥砂浆护坡。

5）重型铸铁或混凝土井圈，不得直接放在井室的砖墙上，应铺设在厚度不小于 80mm 的细石混凝土垫层上。

6）管道穿过井壁处，应用水泥砂浆、油麻填塞捣实、抹平，不得渗漏。

7）井室砌筑的质量要求：①井室勾缝抹面的防渗层应符合质量要求；②阀门的阀杆应与井口对中；③井盖高程的偏差应在允许值内；④井壁与管道交接处不得漏水。

（2）阀门井砌筑要点

1）井室的砌筑应在管道和阀门安装好后进行，其尺寸应按照设计图或指定的标准图施工。不得将管道接口和法兰盘砌在井外或井壁内，而且井壁距法兰外缘大于 250mm。

2）井壁通常用 MU10 机制砖、M7.5 混合砂浆砌筑，砖缝应灰浆饱满。

3）管道穿过井壁处，应采取起拱的方法处理，其间隙填塞油麻和石棉水泥灰并找平。

4）井壁内爬梯（踏步）按照标准图的位置边砌边安装。

5）当井壁需要收口时，若四面收进，每层收进不大于 30mm；若三面收进，每层收进不大于 50mm。

6）井室内壁应用原浆勾缝，有抹面要求时，内壁抹面应分层压实，外壁用砂浆搓缝密实。

16. 管道纵断面图

横坐标是管道的长度，比例尺一般为 1：100 到 1：500，纵坐标是管道的高程，比例尺一般为 1：100～1：500，图上还标有原地高程、井盖高程、管底高程及井底高程等数据，是现场勘测资料的综合，如图 3-37 所示。

里程桩号

原地高程

井盖高程

管底高程

井底高程

图 3-37　管道纵断面图

17. 原地高程

原地高程就是施工前地表原有的地面高程，原地面测量主要是为了工程后期方量的计量与结算，这个数值是测量出来的，因为各地的高程都不一样。此处有一个易错点，设计院的纵断面中有原地高程，但是作为施工单位进场之后不可以直接用这个数据，必须重新测量，因为从设计院测量标高的时间到施工单位开始挖土前经历的时间很漫长，原地高程很可能已经发生很大的变化（比如图 3-38 中，旁边的工地把土堆在这个地方或者有人偷偷地把土堆在这个地方）。

目前常见的测量原地高程的方法有两种，一种是用 GPS 测量，另一种是用水准仪测量。GPS 高程测量是利用全球定位系统（GPS）测量技术直接测定地面点的大地高，或间接确定地面点的正常高的方法。它的工作原理比较简单，就是在仪器里面插卡，相当于手机插卡的原理，然后通过接收卫星信号得到数据，所以一般常用于信号较好的地方，比如城市，如图 3-39 所示。

图 3-38　现场标高测量

图 3-39　GPS 测量

　　水准仪在工地上测量高程用得比较多，相当于手动的，在哪里都可以测量，但是数据需要自己计算，比较烦琐。它的工作原理是提供一条水平视线，在这条水平视线上，任何一点的高程都是相等的，如图 3-40 所示。

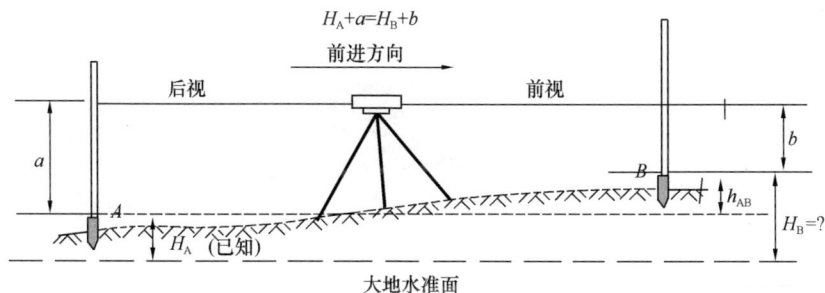

图 3-40　水准仪测量原理

　　图 3-40 中的 H_A 表示已知的高程点（设计院会进行交底）。a 和 b 都是通过看标尺的数据得到，这样就可以把未知点的高程 H_B 计算出来，如图 3-41 所示。

图 3-41　水准仪测量

18. 井盖高程

如何理解井盖高程呢？相当于人踩在马路上，脚底上踩到井盖的高程就叫作井盖高程，值得注意的是，井盖和道路的完成面是相平的，所以井盖高程其实等于这个点的设计高程。设计高程也就是道路的完成面高程，如图 3-42 所示。

图 3-42　现场井盖

19. 管底高程

管底高程是指管道内径最低点高程，是流水流过管道最低点的高程，这个地方特别容易出错，不是管外面的高程，如图 3-43、图 3-44 所示。

图 3-43　管底高程

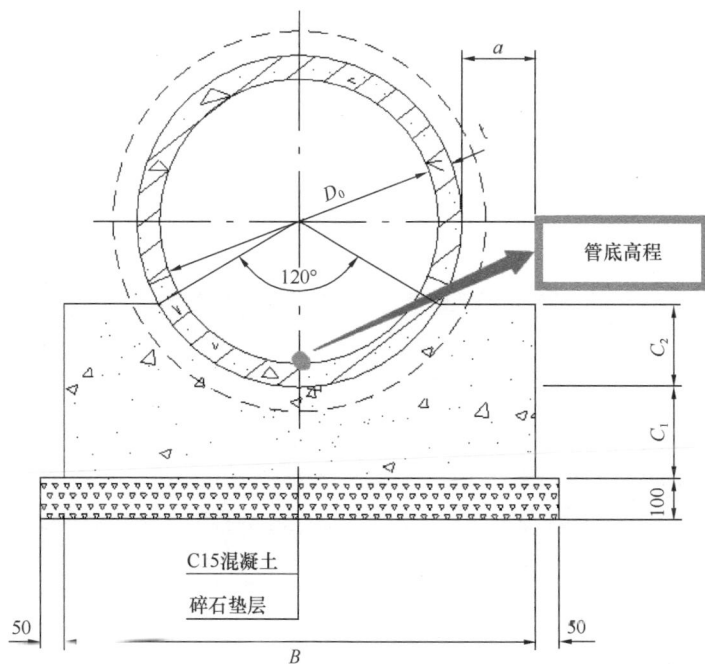

图 3-44　管底高程图

20. 井底高程

人站在井的上面，从外面看里面，能看到井里面最低点的高程就是井底高程，如图 3-45 所示。

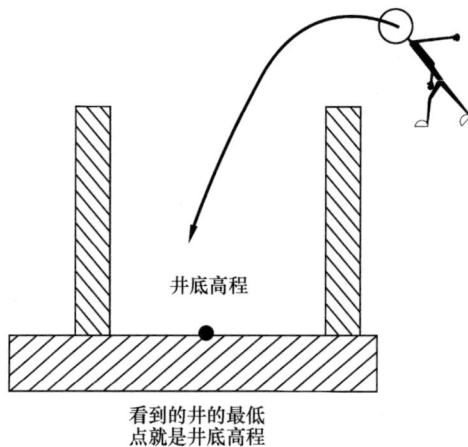

看到的井的最低
点就是井底高程

图 3-45　井底高程

21. 如何求井深?

井深等于井盖高程（图 3-46）减去井底高程，如图 3-47 所示。

图 3-46　井盖高程

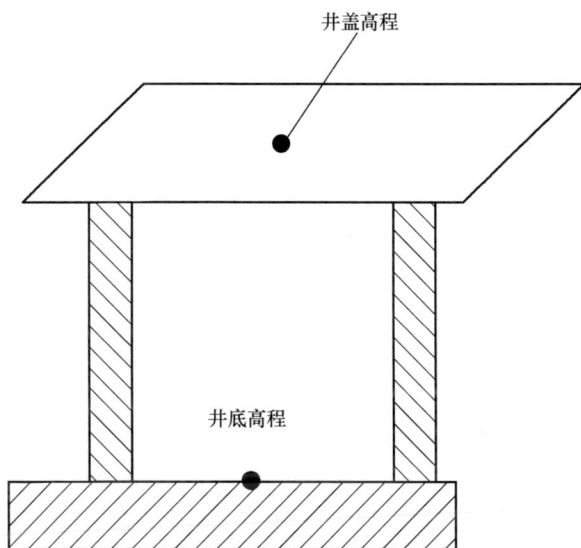

井盖高程

井底高程

井深＝井盖高程－井底高程

图 3-47 井深

22. 如何求管道高程?

已知一个点的高程，如何求另外一个点的高程？利用公式坡度 $i = H/L$，先把两个点的高差计算出来 $H = i \times L$，如图 3-48、图 3-49 所示。

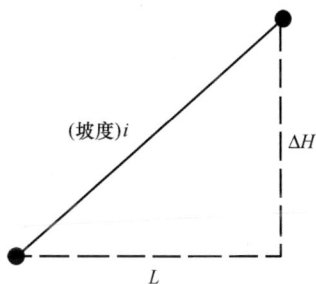

(坡度)i

ΔH

L

图 3-48 坡道示意图

看一下纵断面图，检查井 YS1 的高程是$-0.2\mathrm{m}$，YS1～YS2 的坡度是 $i = 0.15\%$，YS1～YS2 的水平距离为 40m，所以 YS2 的高程 $= -0.2 + 0.06 =$

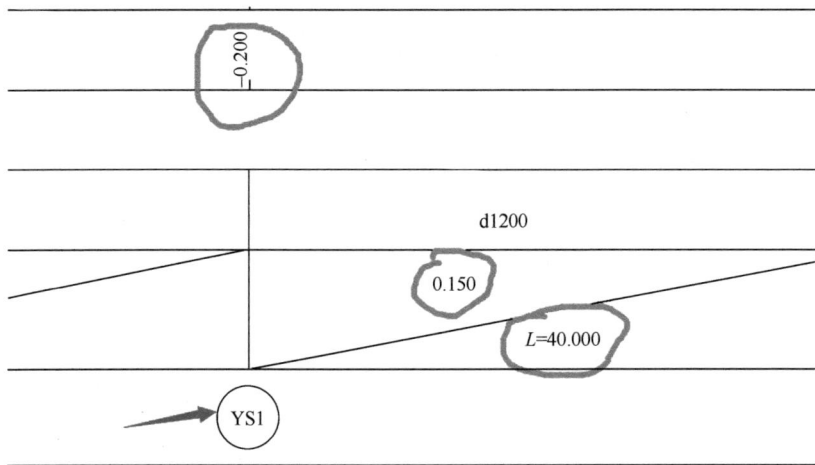

图 3-49　图纸的坡道和长度

—0.14，如图 3-50 所示。

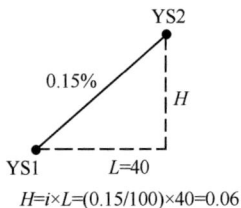

$H=i\times L=(0.15/100)\times40=0.06$

图 3-50　高程计算过程

23. 如何理解管底高程约等于井底高程?

设计院经常不标注井底高程，直接标注管底高程，如图 3-51 所示。

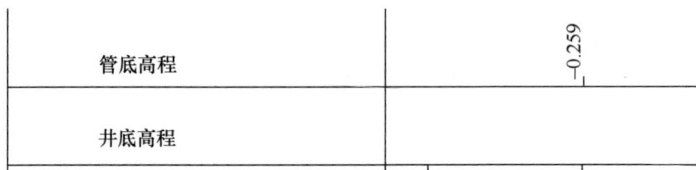

图 3-51　图纸标注的管底高程

很多人看不懂，其实看一下管道剖面图，两条竖线就表示检查井和井底是平的，如图 3-52 所示。

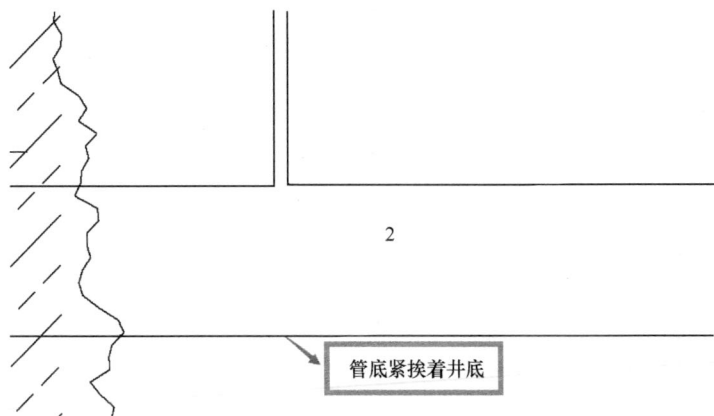

2

管底紧挨着井底

图 3-52　检查井和管道的位置关系

看一下检查井和管道之间的关系，如图 3-53 所示，管道紧靠着井底，它们之间的标高相差了一个管道的壁厚，井底高程＝管底高程＋管道壁厚，因为管道壁厚很小，所以设计院就没有把井底高程单独标注出来，需要自己计算。那么如何查管道壁厚呢？我们可以看一下雨水的通用图，如图 3-54 所示，根据管径可以查到对应的壁厚。

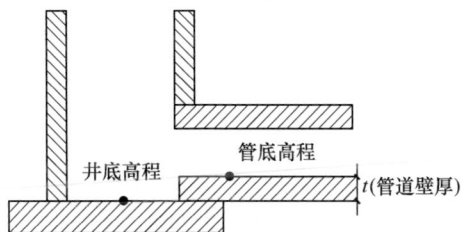

井底高程　　　管底高程　　　t(管道壁厚)

图 3-53　检查井和管道的关系（一）

钢筋混凝土承插管120°混凝土基础尺寸及每米工程量表

管径	I 线管							II、III 线管						
	各部尺寸					碎石	C15混凝土	各部尺寸					碎石	C15混凝土
D_1	t	a	B	C_1	C_2	m³/m	m³/m	t	a	B	C_1	C_2	m³/m	m³/m
400	35	84	576	100	118	0.058	0.091	40	92	600	100	120	0.060	0.097
500	42	102	710		146	0.071	0.122	50	115	750		150	0.075	0.132
600	50	122	850		175	0.085	0.159	60	138	900		180	0.090	0.172
800	65	160	1125		233	0.113	0.242	80	184	1200	120	240	0.120	0.291
1000	75	190	1375	120	288	0.138	0.358	100	230	1500	150	300	0.150	0.454
1200	90	227	1650	135	345	0.165	0.050	120	276	1800	180	260	0.180	0.654
1350	105	262	1875	160	390	0.188	0.658	135	311	2025	205	405	0.203	0.832
1500	115	288	2075	175	433	0.208	0.802	150	346	2250	225	450	0.225	1.021
1650	125	315	2275	190	475	0.228	0.959	165	380	2475	250	495	0.248	1.242
1800	140	349	2500	210	520	0.250	1.161	180	415	2700	270	540	0.270	1.471
2000	155	387	2775	235	578	0.278	1.436	200	461	3000	300	600	0.300	1.816

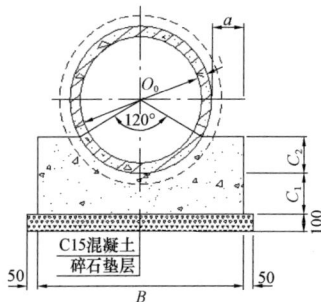

图 3-54　管道基础图纸查壁厚

24. 管底高程和井底高程的关系

在纵断面中也会遇到这种情况，管底和井底不是靠在一起的，这样必然导致它们之间的高程会有相差，我们把这种井叫作沉沙井。下雨的时候会夹带砂子和树叶，这样有一个高度差 30～50cm，砂子和树叶就会下沉，防止堵塞管道，如图 3-55 所示。

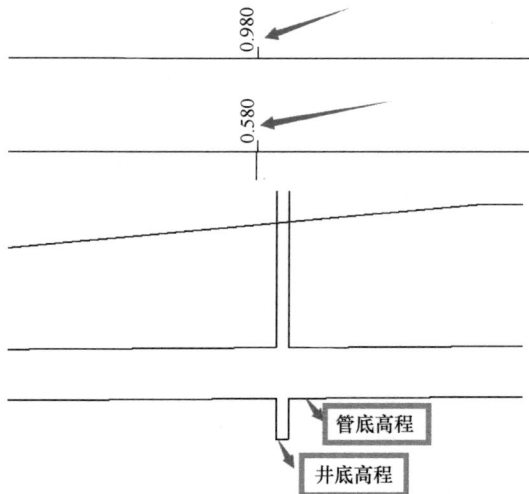

图 3-55　管底高程和井底高程

看一下三维示意图（图 3-56）。

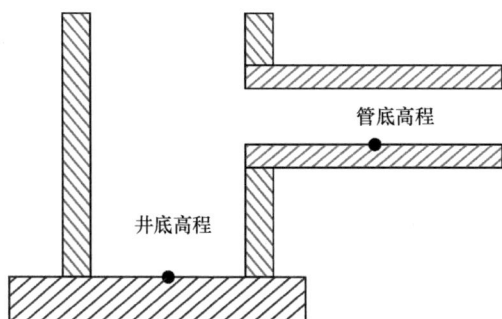

图 3-56 井底和管底三维示意图

25. 为什么有两个管底高程?

我们看到 8 号检查井有两个管底高程，看一下剖面图形，如图 3-57 所示。再来看一下检查井和管道的关系（图 3-58）。

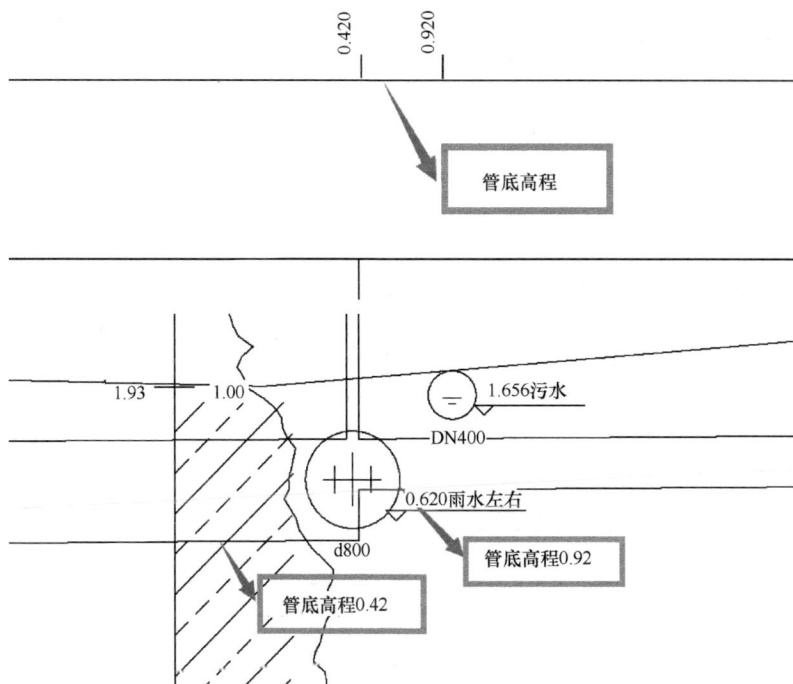

图 3-57 管道剖面详图

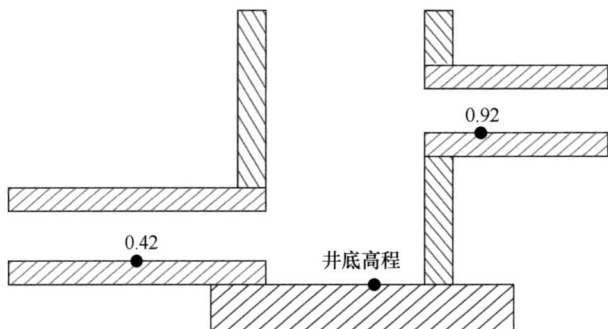

图 3-58　检查井和管道的关系（二）

26．雨水管 0.62 左右如何理解？

这是一个四通检查井，也就是说一个检查井连接四根管道，除了主管道之外，还有两根支管。0.62 表示左右两根支管的标高，如图 3-59～图 3-61 所示。

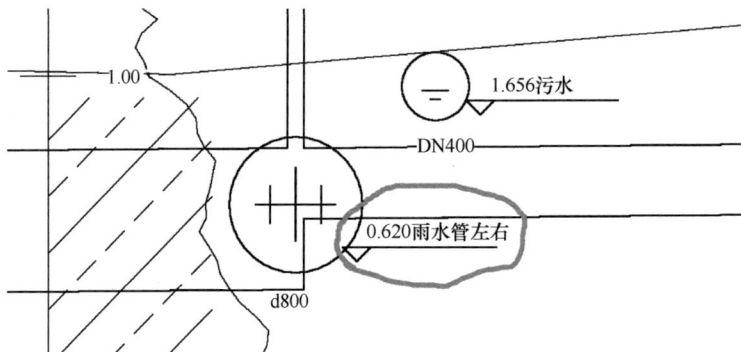

图 3-59　管道剖面图

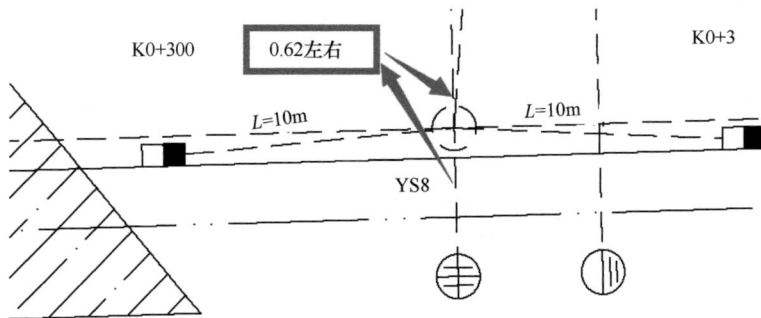

图 3-60　雨水管 0.62 左右

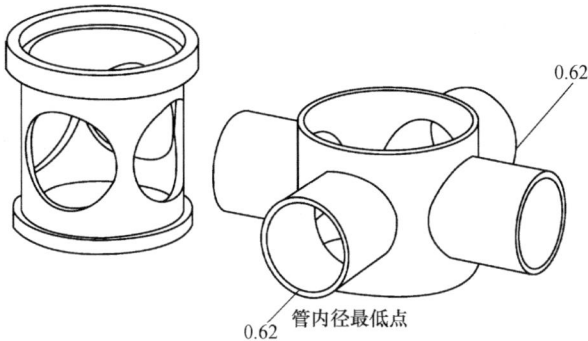

图 3-61　三维示意图

27. 案例：求井底高程、井顶高程、井深

某公司承建一段新建城镇道路工程，其雨水管位于非机动车道，设计采用
D800mm 钢筋混凝土管，相邻井段间距 40m，8 号、9 号雨水井段平面布置如
图 3-62所示，8 号与 9 号类型一致。

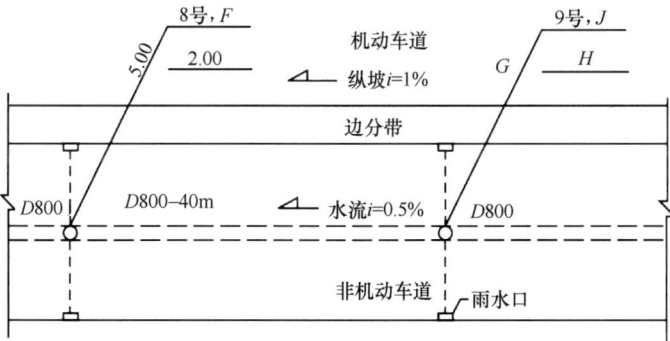

平面布置图

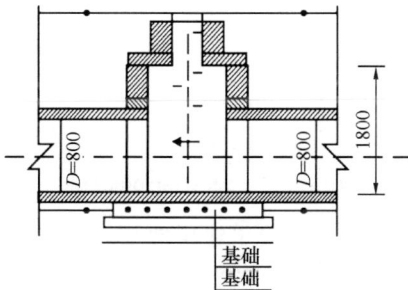

8号井剖面图

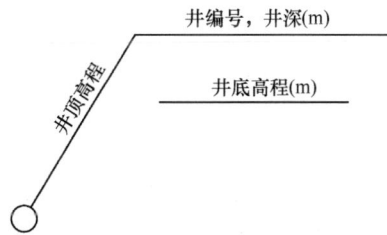

图例

图 3-62　案例图

列式计算图中 F、G、H、J 的数值。

参考答案：$F=3.00$；$G=5.40$；$H=2.20$；$J=3.20$。

（1）首先求井底高程

$H=2+40\times0.5\%=2+0.2=2.2$（m）。

（2）井顶高程（井盖高程）

$G=5+40\times1\%=5.4$（m）。

（3）井深

$F=$井深$=$井顶标高$-$井底高程$=5-2=3$（m）；

$J=$井深$=$井顶标高$-$井底高程$=5.4-2.2=3.2$（m）。

这里求井底高程用的是水流坡道，井底高程约等于管底高程，相差一个管壁厚，所以相当于求管底高程，而管底高程的坡道就是水流坡道，所以是 0.5%；但是为什么求井顶高程的时候用的是路面坡道呢？这是因为检查井的井顶其实是井盖，而井盖与道路的完成面是相平的，所以井盖是跟着道路的坡道走的。

28．管道基础

管道基础一般由地基、基础和管座三部分组成，如图 3-63、图 3-64 所示。

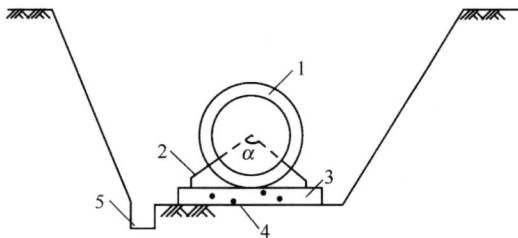

图 3-63　管道基础示意图

1—管道；2—管座；3—管基；4—地基；5—排水沟

地基是沟槽底的土部分。它承受管子和基础的重量、管内水的重量、管上部土的荷载和地面上的荷载。地基分为天然土层地基和换土垫层地基。基础是指管道与地基间经人工处理过或专门建造的设施，其作用是将管道较为集中的荷载均匀分布，以减少对地基单位面积的压力，或由于土的特殊性质的需要，为使管道

图 3-64　管道基础平面图

安全稳定而采取的一种技术措施。

（1）垫层

垫层作为地基的持力层，可提高地基承载力，并通过垫层的应力扩散作用，减少对垫层下面地基的单位面积的荷载，如图 3-65 所示。

图 3-65　垫层

换土垫层：将给水排水管道基础或构筑物地基底面下一定深度的弱承载土挖去，换为低压缩性的散体材料，如块石、卵石、碎石、砂、灰土、水泥土、素土等。有些工业废料也可作为垫层材料，如煤灰、炉渣等。

换土垫层适用于较浅的地基处理，一般用于地基持力层扰动小于 0.8m 的地基处理。若有地下水，可采取满槽挤入片石的方法，由沟的一端开始，依次向另一端推进，边挖边挤入片石，片石缝隙用级配砂石填充。片石厚度不小于扰动深度的 80%。

换土垫层施工基本要求为：垫层材料，应分层铺设、分厚压实。压实与地基土接触的最下一层，应避免扰动地基土。

沟槽开挖后如遇到软地基或淤泥质土，则通知设计人员或请设计人员到现场处理。地基处理后达到要求的承载力，方可施工基础垫层。

基础垫层厚度一般为 100～200mm。

（2）基础

基础分为弧形素土基础、砂垫层基础、灰土基础、混凝土基础。

1）弧形素土基础：如图 3-66 所示，在原土上挖成弧形管槽，弧度中心角采用 60°～90°，管道安装在弧形槽内，它适用于无地下水且原土干燥并能挖成弧形槽，管径为 150～1200mm，埋深 0.8～3.0m 的污水管线，但当埋深小于 1.5m 且管线敷设在车行道下时，则不宜采用。

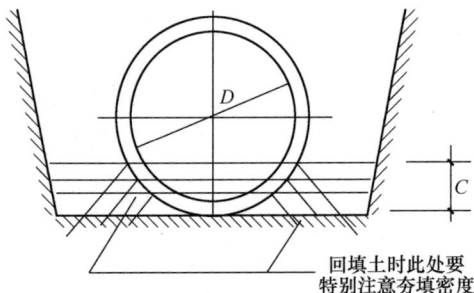

图 3-66　弧形素土基础

2）砂垫层基础：如图 3-67～图 3-69 所示，在沟槽内用带棱角的中砂垫层厚 200mm。它适用于无地下水、坚硬岩石地区，管道埋深 1.5～3.0m，小于 1.5m

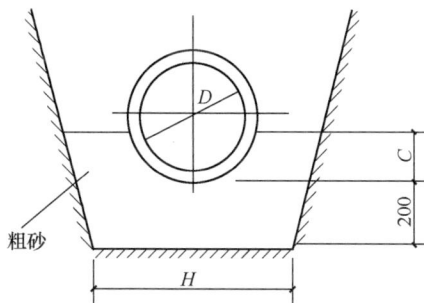

图 3-67 砂垫层基础

图 3-68 沟槽平面图

时不宜采用。

3）灰土基础：适用于无地下水且土质较松软的地区。管道直径为 150～700mm，适用于水泥砂浆抹带接口、套管接口及承插接口，弧度中心常采用 60°角，灰土配合比为 3：7（重量比），如图 3-70 所示。

4）混凝土基础：混凝土基础分为混凝土带形基础和混凝土枕形基础两种，如图 3-71～图 3-75 所示。

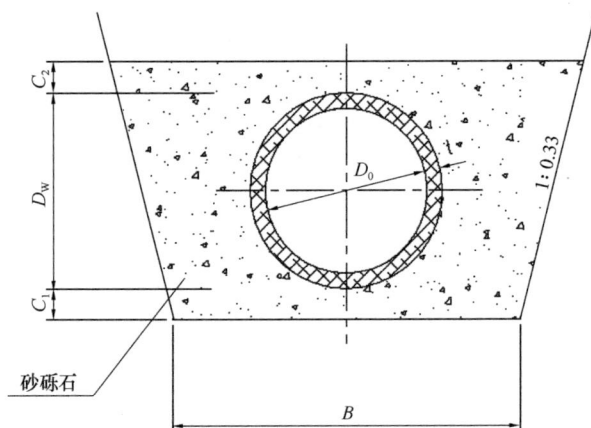

图 3-69　管道基础平面图

图 3-70　灰土基础

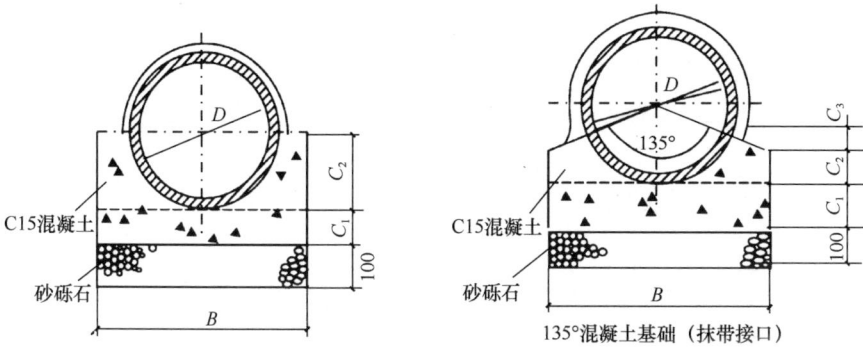

图 3-71 混凝土基础

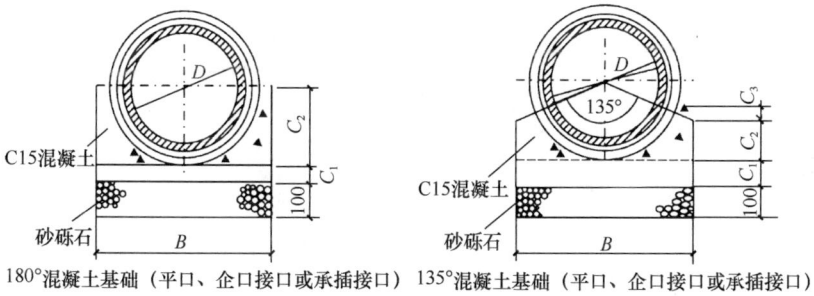

图 3-72 混凝土带形基础

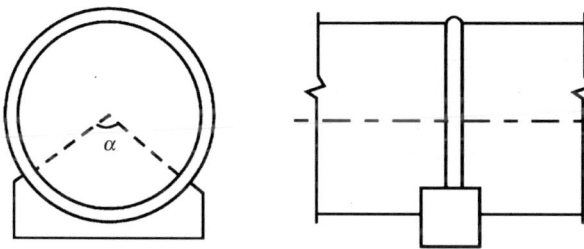

图 3-73 混凝土枕形基础

图 3-74   混凝土基础现场图

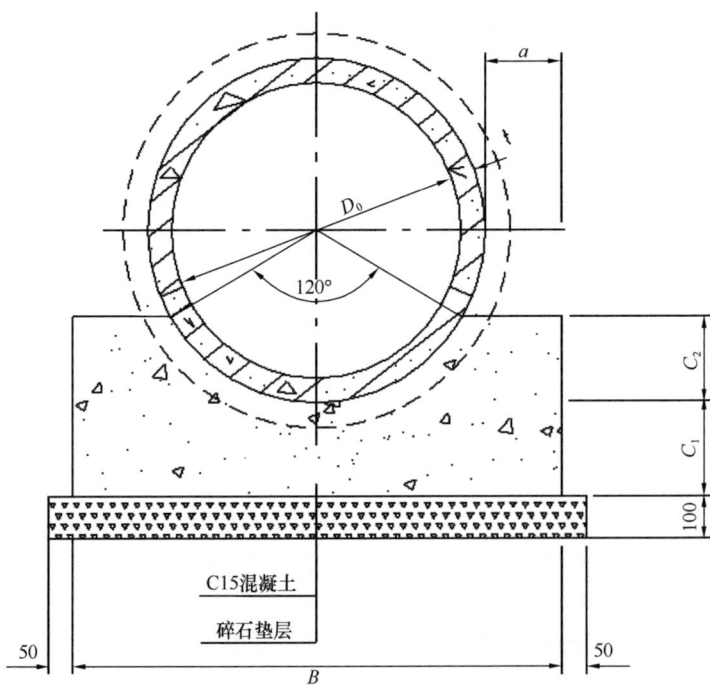

图 3-75   管道基础图纸

混凝土带形基础是沿管道全长铺设的基础，整体性强，抗弯抗震性好，按管座形式不同可分为 90°、120°、135°、180°四种。这种基础适用于各种潮湿土及地基软硬不均匀的排水管道，管径为 150～3000mm。无地下水时，在槽底老土上直接浇筑混凝土基础；有地下水时，常在槽底铺 10～15cm 厚的卵石或碎石垫层，然后才在上面浇筑混凝土基础，一般采用强度等级为 C15 的混凝土。在地震区或土质特别松软、不均匀沉陷严重的地段，最好采用钢筋混凝土带形基础。

混凝土枕形基础只在管道接口处设置，采用 C15 混凝土，它适用于干燥土雨水管道及污水支管上、管径小于 900mm 的水泥砂浆接口及管径小于 600mm 的承插接口，常与素土基础或砂垫层基础同时使用。

29. 管道埋深

在污水管道工程中，土方工程在工程总造价中占相当大的比重。管道的埋设深度越大，工程造价越高，施工工期越长。例如，某地的排水管道工程中，当埋设较浅、采用撑板支撑时，沟槽土方支撑及排水费用约为总铺设费用的 15%～20%；当埋设较深、采用钢板桩保护槽壁时，费用可达 40%～60%。上海某地区排水工程，在设计复查中将部分污水管道的埋设标高提高 1m 左右，节约工程投资近 40 万元。因此，合理地确定管道埋深对于降低工程造价是十分重要的。在土质较差、地下水位较高的地区，若能设法减小管道埋深，对于降低工程造价尤为明显。

确定污水管道埋设深度时必须考虑下列因素：

（1）必须防止管内污水冰冻或土冰冻而损坏管道。

（2）必须保证管道不致因为地面荷载而破坏。

（3）必须满足街坊污水管衔接的要求。影响污水管道埋设深度的另一个因素是街坊污水管衔接的需要，此值受建筑物污水出户管埋深的控制。从安装技术方面考虑，建筑物污水出户管的最小埋深一般为 0.5～0.6m，以保证底层建筑污水的排出。所以街坊污水管道的起端埋深最小也应有 0.6～0.7m，由此值可计算出街道污水管道的最小埋设深度。

如何算管道的埋深？需要知道两个数据，一个是原土标高，另一个是挖土的底标高。原土标高通过测量获得，挖土的底标高通过计算得出，如图 3-76 所示。

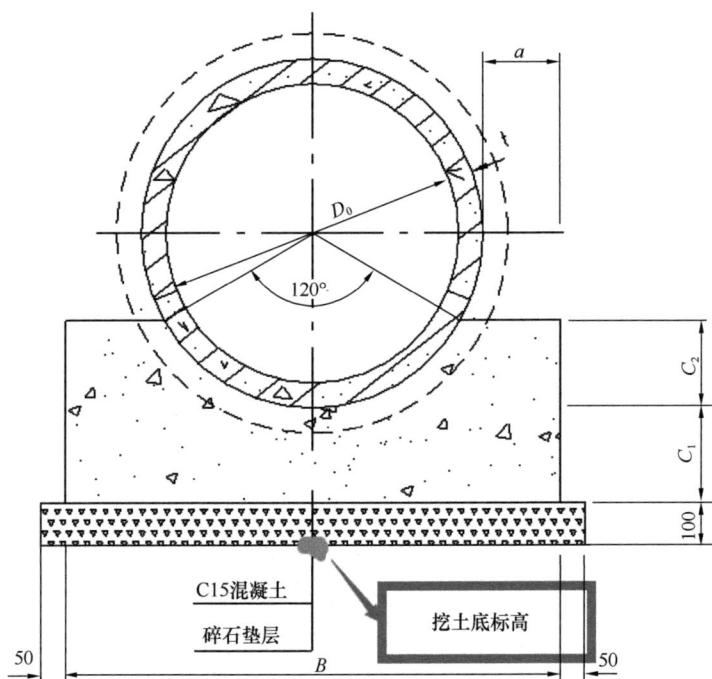

图 3-76　挖土底标高

挖土底标高＝管底高程－管道壁厚－C_1－0.1

30. 管道闭水试验

排水管道闭水（气）试验：生活污水、工业废水、雨污水合流管道、倒虹吸管或设计要求做闭水的其他排水管道，必须做闭水试验。如直径为 300～1200mm 的混凝土排水管道，因施工现场水源确有困难，无条件闭水，也可采用闭气方法检验排水管道的严密性。

在排水管道做闭水试验前，应对管线及沟槽等进行检查，检查结果应符合以下条件：

（1）管道及检查井的外观质量及量测检验均已合格；

（2）管道未回填土且沟槽内无积水；

（3）全部预留孔洞应封堵，不得漏水；

（4）管道两端的管堵应封堵严密、牢固，下游管堵设置放水管和闸门，管堵必须经核算能够承受压力，管堵可用充气堵板或砖砌堵头；

（5）现场的水源应满足闭水需要。

排水管道做闭水试验，应尽量从上游往下游分段进行，上游段试验完毕，可往下游段充水，逐段试验以节约用水。闭水试验的方法又可分为带井闭水试验和不带井闭水试验两种，一般采用带井闭水试验。

带井闭水试验：管道及沟槽等具备闭水条件，即可进行管道带井闭水试验。非金属排水管道试验段，长不宜大于 500m。带井闭水试验如图 3-77 所示。

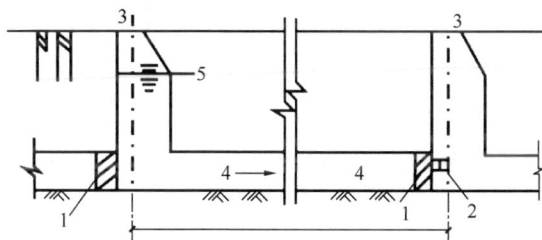

图 3-77 带井闭水试验

1—闭水堵头；2—放水管和阀门；3—检查井；

4—闭水管段；5—规定闭水水位

不带井闭水试验：如图 3-78 所示，每个井段管口都必须设堵，下游管堵塞水管和闸门，并必须专门设置量水筒；上游管堵塞进水管、排水管。

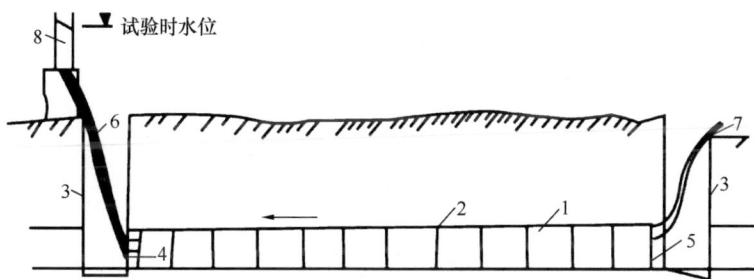

图 3-78 不带井闭水试验

1—试验管段；2—接口；3—检查井；4—堵头；5—闸门；6、7—胶管；8—水筒

31. 出水口

排水管渠出水口的位置、形式和出口流速，应根据排水水质、下游用水情况、水体的流量和水位变化幅度、稀释和自净能力、水流方向、波浪情况、地形变迁和气象等因素确定，并应取得当地卫生主管部门和航运管理部门的同意。出水口与水体岸边连接处应采取防冲、消能、加固等措施，一般用浆砌块石做护墙（图 3-71）和铺底。在受冻胀影响的地区，出水口应考虑用耐冻胀材料砌筑，其基础必须设置在冰冻线以下。如图 3-79、图 3-80 所示。

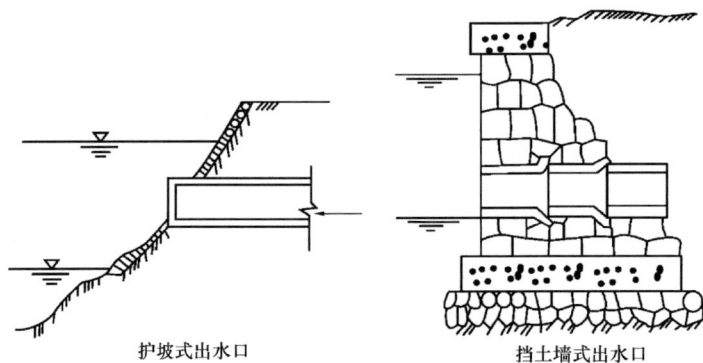

护坡式出水口　　　　　　　挡土墙式出水口

图 3-79　出水口

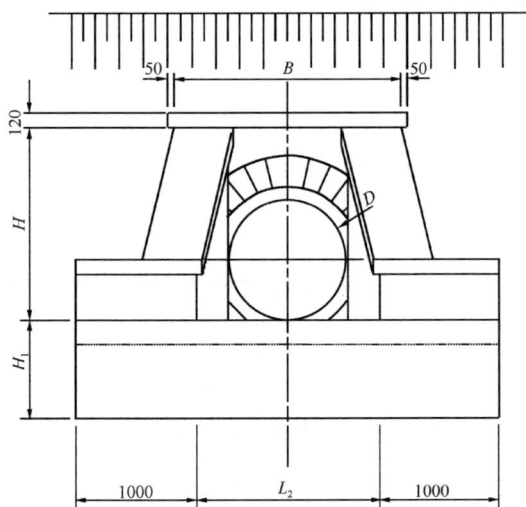

图 3-80　出水口图纸

当污水需和水体的水流充分混合时，出水口长距离伸入水体分散出口，如图 3-81 所示。伸入水体的出水口应设置标志。

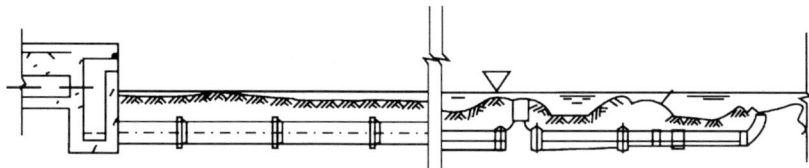

图 3-81　河床分散式出水口

为了使污水和水体混合良好，避免污水沿河滩流泻，造成环境污染，污水管渠的出水口尽可能采用淹没式，其管顶标高一般在常水位以下。雨水管渠出水口可以采用非淹没式，其管底标高最好在水体最高水位以上，一般在常水位以上，以防止水体倒灌。当出水口标高比水体水面高出太多时，应考虑设置单级或多级跌水。

在受潮汐影响的地区，在出水口的前一个检查井中应设置自动启闭的防潮闸门，以防止潮水倒灌。

如图 3-82 所示为几种出水口形式。

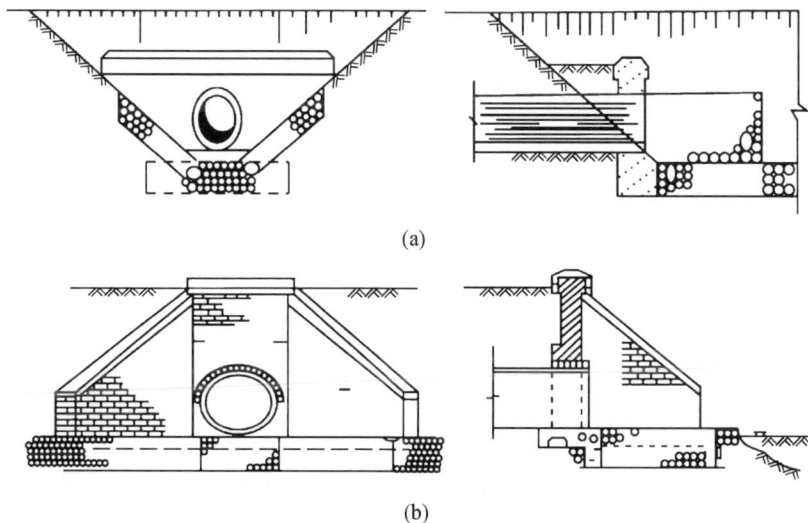

(a)

(b)

图 3-82　出水口形式

（a）一字式出水口；（b）八字式出水口

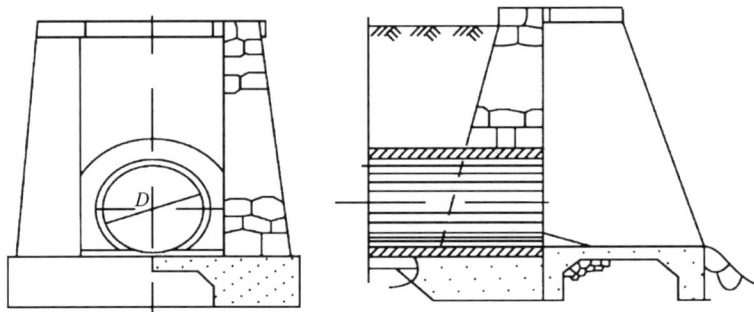

(c)

图 3-82 出水口形式（续）

（c）门字式出水口

32. 顶管

先来看一下管道说明中关于顶管材料和图纸做法（图 3-83）。

图 3-83 顶管平面图纸

5. 管材

DN225、DN300 雨水连接管均采用 UPVC 加筋管，满足《埋地排水用硬聚氯乙烯（PVC-U）结构壁管道系统 第 2 部分：加筋管材》GB/T 18477.2—2011，环刚度≥8kN/m²；d500～d1200 管采用Ⅱ级钢筋混凝土承插管，管材质量满足《混凝土和钢筋混凝土排水管》GB/T 11836—2009 的标准，顶管施工用 d1200 管采用 F 型钢筋混凝土管，管材质量满足《顶进施工法用钢筋混凝土排水管》JC/T 640—2010 的规范要求。

6. 管道基础及接口

① 基础：钢筋混凝土管采用 120°混凝土基础，F 管采用天然土基础。

② 接口：钢筋混凝土承插管、UPVC 管采用承插橡胶圈接口，F 管采用钢套环连接。

（1）顶紧后座墙与后背

后座墙与后背是千斤顶的支承结构。造价低廉、修建简便的原土后座墙是常用的一种后座墙。施工经验表明：管道埋深 2～4m 浅覆土原土后座墙的长度一般需 4～7m，选择工作坑时，应考虑有无原土后座墙可以利用。

无法利用原土作后座墙时，可修建人工后座墙。图 3-84 是多种人工后座墙中的一种。

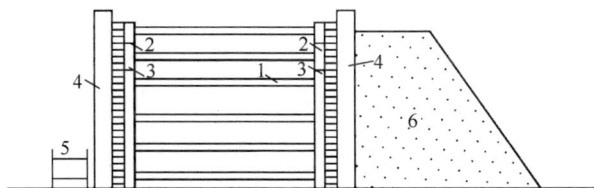

图 3-84 人工后座墙

1—撑杠；2—立柱；3—后背方木；4—立铁；5—横铁；6—横土

后背的功能主要是在顶管过程中承担千斤顶顶管前进的后坐力。后背的构造应有利于减少对后座墙单位面积的压力。后背的构造有很多种，以下是其中的两种：方木后背的承载力可达 3×10^3 kN，具有装拆容易、成本低、工期短的优点；钢板桩后背的承载力可达 5×10^3 kN，采取与工作坑同时施工的方法，适用于弱土层。

在双向坑内双向顶进时，可以利用已顶进的管段作为千斤顶的后背，不必设后座墙与后背。

1）工作坑的附属设施

工作坑的附属设施主要有工作台、工作棚、顶进口装置等。

工作台位于工作坑顶部地面上，由型钢支架制成，上面铺设方木和木板。在承重平台的中部设有下管孔道，盖有活动盖板。下管后，盖好盖板。管节堆放在平台上，卷扬机将管提起，然后推开盖板再向下吊放。

工作棚位于工作坑上面，目的是防风、雨、雪，以利于操作。工作棚的覆盖面积要大于工作坑平面尺寸。工作棚大多采用支拆方便、重复使用的装配式工作棚。

顶进口装置管子入土处不应支设支撑。土质较差时，在坑壁的顶入口处局部浇筑素混凝土壁，混凝土壁当中预埋钢环及螺栓，安装处留有混凝土台，台厚最小为橡胶垫厚度与外部安装环厚度之和。在安装环上将螺栓紧固压紧橡胶垫止水，以防止采用触变泥浆顶管时泥浆从管外壁外溢。

布置工作坑时，还要解决坑内排水、照明、工作坑上下扶梯等问题。

2）顶进设备

顶进设备种类很多，一般采用液压千斤顶。液压千斤顶的构造形式分为活塞式和柱塞式两种。其作用方式有单作用液压千斤顶和双作用液压千斤顶，顶管施工常用双作用液压千斤顶。为了减少缸体长度又要增加行程长度，宜采用多行程或长行程千斤顶，以减少搬放顶铁时间，提高顶管速度。

按千斤顶在顶管中的作用一般可分为：用于顶进管子的顶进千斤顶；用于校正管子位置的校正千斤顶；用于中继间顶管的中继千斤顶。顶进千斤顶一般采用顶力为 $(2\sim4)\times10^3\,kN$，顶程 $0.5\sim4m$。

千斤顶在工作坑内的布置方式分为单列、并列和环周列。当要求的顶力较大时，可采用数个千斤顶并列顶进。

顶铁是顶进过程中的传力工具，其作用是延长短行程千斤顶的行程，传递顶力并扩大管节端面的承压面积。顶铁一般由型钢焊接制成。根据安放位置和传力作用的不同，顶铁可分为顺铁、横铁、立铁、弧铁和圆铁。顺铁是千斤顶的顶程小于单节管子长度时，在顶进过程中陆续安放在千斤顶与管子之间传递顶力的。当千斤顶的行程等于或大于一节管长时，就不需要用顺铁。弧铁和圆铁是宽度为管壁厚的全圆形顶铁，包括半圆形的各种弧度的弧形顶铁以及全圆形顶铁。此外，还可做成各种结构形式的传力顶铁。顶铁的强度和刚度应当经过核算。

3）中继间

中继间是在顶进管段中间设置的接力顶进工作间，此工作间内安装中继千斤顶，担负中继间之前的管段顶进。中继间千斤顶推进前面管段后，主压千斤顶再推进中继间后面的管段。此种分段接力顶进方法称为中继间顶进。

如图 3-85（a）所示为一种中继间，施工完毕后，拆除中继千斤顶，而中继间钢外套环留在坑道内。在含水土层内，中继间与管前后之间的连接应有良好的密封。如图 3-85（b）所示为另一种中继间，施工完毕时，拆除中继间千斤顶和中继间接力环，然后中继间将前段管顶进，弥补前中继间千斤顶拆除后所留下的空隙。

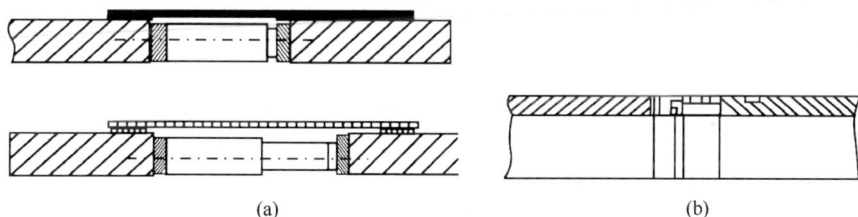

(a)   (b)

图 3-85　中继间

中继间的特点是减少顶力、效果显著、操作机动，可按顶力大小自由选择，分段接力顶进。但也存在设备较复杂、加工成本高、操作不便、降低工效的不足。

（2）触变泥浆减阻

在管壁与坑壁间注入触变泥浆，形成泥浆套，可减少管壁与土壁之间的摩擦阻力，其顶进长度可较非泥浆套顶进增加 2～3 倍；长距离顶管时，经常采用中继间—泥浆套顶进。

触变泥浆的要求是泥浆在输送和灌注过程中具有流动性、可泵性和一定的承载力，经过一定的固结时间，产生强度。触变泥浆的主要组成是膨润土和水。膨润土是粒径小于 2mm，主要矿物成分为 Si—Al—Si（硅—铝—硅）的微晶高岭土。膨润土的相对密度为 2.5～2.95。

对膨润土的要求为：①膨润倍数一般要大于 6，膨润倍数越大，造浆率越高，制浆成本越低；②要有稳定的材料来源，保证泥浆有一定的稠度，不致因重力作用而使颗粒沉淀。造浆用水除对硬度有要求外，并无其他特殊要求，用自来水即可。

（3）顶进

指利用千斤顶出镐在后背不动的情况下，将管子推入土中。其操作过程如下：

1）安装 U 形顶铁或环形顶铁并挤牢，待管前挖土满足要求后启动油泵，操纵控制阀，使千斤顶进油、活塞伸出一个行程，将管子推进一段距离。

2）操纵控制阀，使千斤顶反向进油，活塞回缩。

3）安装顶铁，重复上述操作，直到管端与千斤顶之间可以放下一节管子为止。

4）卸下顶铁，下管，在混凝土管接口处放一圈油麻辫、橡胶圈或其他柔性材料，管口内侧留有 10～20mm 的间隙，以利于接口和应力均匀。

5）在管内口安装内胀圈。若设计有外套环，可同时安装外套环。

6）重新装好 U 形顶铁或环形顶铁，重复上述操作。

顶进时应遵照"先挖后顶，随挖随顶"的原则。应连续作业，尽量避免中途停止。工程实践证明：在黏性土层中顶进时，因某种原因使连续施工中断，重新起顶时顶力将会增加 50%～100%；但在饱和砂土中顶进中断后，重新起顶时，顶力会比中断前的顶力小。

另外在管道顶进中，发现管前方坍塌、后背倾斜、偏差过大或油泵压力表指针骤增等情况，应停止顶进，查明原因，排除障碍后再继续顶进。如图 3-86、图 3-87 所示。

图 3-86　顶管施工现场（一）

图 3-87 顶管施工现场 (二)

33. 水平定向管道 (拖拉管)

水平定向钻机是在不开挖地表面的条件下，铺设多种地下公用设施 (管道、电缆等) 的一种施工机械，它广泛应用于供水、电力、电信、天然气、煤气、石油等柔性管线铺设施工中，它适用于砂土、黏土等地况，不适宜地下水位较高及卵石地层，我国大部分非硬岩地区均可施工。工作环境温度为$-15 \sim 45℃$。水平定向钻进技术是将石油工业的定向钻进技术和传统的管线施工方法结合在一起的一项施工新技术，它具有施工速度快、施工精度低、成本低等优点，广泛应用于供水、煤气、电力、电信、天然气、石油等管线铺设施工工程中。水平定向钻进设备，在十几年间获得了飞速发展，成为发达国家中的新兴产业。其发展趋势正朝着大型化和微型化、适应硬岩作业、自备式锚固系统、钻杆自动堆放与提取、钻杆连接自动润滑、防触电系统等自动化作业功能、超深度导向监控、应用范围广等特征发展。该种设备一般适用于管径$\phi 300 \sim \phi 1200mm$的钢管、PE 管，最大铺管长度可达 1500m，适应于软土到硬岩多种土壤条件，应用前景广阔。如图 3-88、图 3-89 所示。

图 3-88 水平定向钻施工现场（一）

图 3-89 水平定向钻施工现场（二）

（1）前期准备

了解管道穿越范围内的地质条件、现有地下管线的走向及埋深等情况，结合设计要求规划钻进轨迹，选定施工方案（主要是选定钻机，确定出入土层的角度、扩孔级数和穿越管材等）。

（2）导向钻进

定向钻头在钻机的推力作用下，由钻机驱动旋转（或使用泥浆马达带动钻头旋转）切削地层，按设计钻孔轨迹前进，完成整个导向孔的钻孔作业。钻进过程中，钻头内信号棒发出的信号被接收处理后，显示出钻头的深度、位置、角度等信息，据此及时调整钻头方向，保证完成的导向孔曲线符合设计要求。

（3）分级扩孔

完成导向孔施工后，采取分级扩孔的方式将钻孔扩至合适的直径。同时将钻液泵入钻孔中，保证孔洞完整和不塌方，并将切削下的土屑带回到地面，为回拉管道创造适宜的环境。

（4）回拉管道

扩孔完成立即将待铺设的管道与回拉头、扩孔头及钻杆连接，由钻机牵引将管线拉入已扩钻孔中，完成管道铺设。

第4章 桥涵工程

1. 桥梁分类

桥梁大致有以下几种分类。

（1）以不同的结构体系分类

梁式桥，在垂直荷载（汽车荷载）作用下，支座只产生垂直的反力。

拱桥，在垂直荷载作用下，支座除了垂直的反力外还有水平反力，这个水平反力由桥梁对桥台的推力所造成。

刚架桥，常用作跨线桥，并常用钢筋混凝土制成。

吊桥，跨越能力比较大，世界上一些很大的桥就是采用吊桥的形式建成的。

斜拉桥，其优点是跨径大、外形美观、造价便宜，适合我国的情况。它的经济跨度为200～400m，在此跨度范围内，预应力混凝土斜拉桥与同样高度的刚架桥相比，造价是比较经济的。

（2）以不同的用途分类

人行桥，只供行人用的桥，一般很狭小，上下桥采用踏步的较多。

公路桥，是处在公路或城市道路上供车辆和人群通行的桥。

铁路桥，是铁路线上供列车通行的桥。

公路铁路两用桥，一般分为两层，上层是公路桥，下层是铁路桥。

水运桥，也称渡槽。

管线桥，属于专用桥梁，它把城市中的上水管道、电缆、煤气管等带过河去。

（3）以建桥所用的材料分类

木桥，凡桥跨结构用木材建造的属木桥。这种桥在城市中大多以钢筋混凝土代替。只有在施工临时需要、军事上临时运输使用等特殊情况时才采用。

圬工桥，包括砖、石、混凝土和钢筋混凝土等材料建成的桥。这些建筑材料中，除钢筋混凝土外，都是抗压强度高而抗拉强度很低的。因此，圬工桥一般为拱桥的形式。

钢桥。钢材是一种很好的材料，它的抗压和抗拉强度都很高，用途很广。为了节省钢材，一般以钢筋混凝土桥代替钢桥。

（4）以桥梁的多孔跨径总长分类

小桥，总长小于或等于 30m 的桥梁。

中桥，总长 30～100m 的桥梁。

大桥，总长 100～1000m 的桥梁。

特大桥，总长大于 1000m 的桥梁。

（5）以路面的位置分类

上承式桥，路面布置在桥跨结构上面的桥梁，优点是构造简单、施工方便。公路上一般多采用上承式桥。

中承式桥，考虑地形、标高等限制，把路面布置在桥跨结构中间的桥梁。

下承式桥，路面布置在桥跨结构下面的桥梁。这种构筑，主要是为了使桥面减薄，既要保证桥下净空，又要考虑桥面不升高以减少桥梁坡度。

（6）以桥梁的活动性分类

固定桥，桥梁固定在一定位置上不能活动。一般的桥都属于固定桥。

活动桥，又称开启桥。为了在通航的河道上使大船能够通航，又要使桥面不能太高，从而节省两岸引道和引桥等费用，故采取使通航孔中的某一孔桥跨在大船只通过时可活动开启的形式。这种桥的开启形式有三种：立转式、平转式和直升式。

2. 桥型布置图

拿到桥梁工程图纸，首先要看一下这个桥梁工程的大概样子，也就是看桥型布置图。从图 4-1 中可以看出这是桥台和桥墩以及板梁的结构，是目前最常见的桥梁类型。

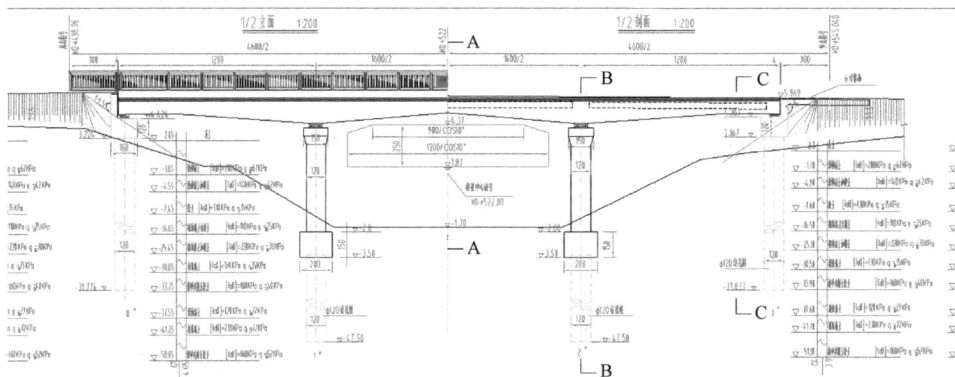

图 4-1　桥型布置图

3. 桥跨结构（上部结构）

桥跨结构是在线路遇到障碍（如河流、山谷或其他线路）而中断时，跨越这些障碍的结构物。它的作用是供车辆或人群等通过。桥跨结构承担线路荷载跨越障碍，由主要承重结构、桥面系和桥梁支座组成。

主要承重结构，作用是承担上部结构所受的全部荷载并传给支座。例如桥面上的混凝土板梁等。

桥面系，一般由桥面、纵梁和横梁组成。公路桥和城市桥的桥面包括桥面铺装及桥面板两部分：桥面铺装用以防止车轮直接磨耗桥面板、排水和分布轮重；桥面板用以承受局部荷载，常采用钢筋混凝土板，当主梁间距较大时可采用预应力混凝土或钢桥面板（钢桥）。

桥梁支座，设于桥台（墩）顶部，支承上部结构并将荷载传给下部结构的装置。

4. 桥墩桥台（下部构造）

如图 4-2 所示，桥墩桥台是支承桥跨结构的建筑物。它的作用是把通过桥跨的车辆和人群等荷载安全可靠地传至地基。

桥墩，位于多孔桥梁的中间部位，支承相邻两跨上部结构的建筑物，其功能

图 4-2　桥墩桥台

是上部结构荷载传至基础，如图 4-3 所示。

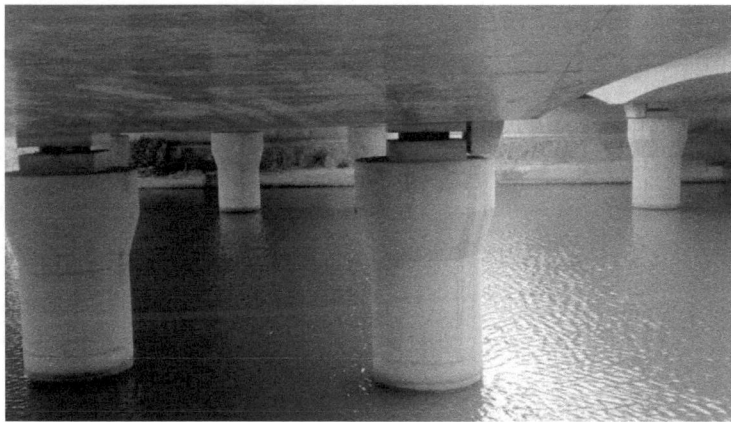

图 4-3　桥墩

　　桥台，位于桥梁的两端，支承桥梁上部结构，并使之与路堤衔接的建筑物，其功能是传递上部来自路堤的土压力。为了维持路堤的边坡稳定并将水流导入桥孔，除带八字形翼墙的桥台外，在桥台左右两侧筑有保持路肩稳定的截锥体填土，称为锥体填方（也称为锥体护坡），其坡面以片石围护，如图 4-4 所示。

图 4-4　桥台

　　桥梁基础，是桥梁最下部的结构，上承墩台，并将全部桥梁荷载传至地基，基底设置在具有足够承载力的持力层处，并要求有一定的埋置深度。

　　桥梁的两个桥台背后构筑物尾端之间的距离 L_q，称为桥梁的全长；桥墩中线间或桥墩中线与台背前缘线间的距离，称为跨径 L_b。

　　设计洪水位线上相邻两桥墩（或一桥墩与一桥台）的净距离 L_0 称为桥梁的净跨径。多孔净跨径的总和，称为桥梁的总跨径。桥梁的总跨径反映其排泄洪水的能力。设计洪水位或计算通航水位与桥跨结构最低边缘的高差 H_0 称为桥下净空高度。桥面（或轨顶）到桥跨结构最低边缘的距离，称为桥梁的建筑高度 h。

5. 基础

　　任何结构物都建造在一定的地层（岩层或土层）上，基础是结构物直接与地层接触的最下面的部分。在基础底面下，承受由基础传来的荷载的那一部分地层，称为该结构的地基。基础是结构物下部结构的组成部分。

　　基础按其埋置深度分为浅基础和深基础。一般将埋置深度在 5m 以内者称为浅基础。由于土质不良，必须把基础埋置于较深的良好地层上，埋置深度超过

5m 者称为深基础。桥梁最常用的基础类型是天然地基上的浅基础，当需要设置深基础时，常采用桩基础和沉井基础。

天然地基上的浅基础：天然地基上的浅基础如图 4-5 所示，根据受力条件及构造可分为刚性基础和柔性基础两大类。当基础在外力（包括基础自重）作用下，基础悬出部分见图 4-5 中的 a—a 断面左端，其自身圬工材料的承载能力能够抵抗外荷载作用时，基础内不需配置钢筋，这种基础称为刚性基础［图 4-5（b）］；反之，称为柔性基础［图 4-5（a）］。桥梁常用的刚性基础为刚性扩大基础（图 4-6）。

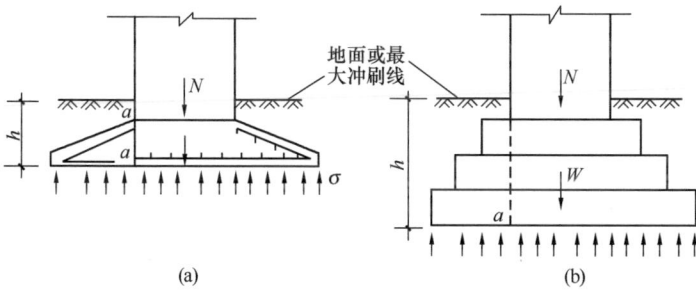

图 4-5　天然地基浅基础

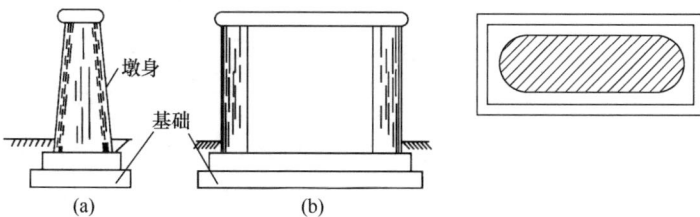

图 4-6　刚性扩大基础

刚性扩大基础的平面开头一般为矩形，基础平面尺寸一般按较上面结构物底面（如桥墩、桥台底面等）扩大，每边扩大的尺寸最小为 20～50cm，视土质、基础厚度、埋置深度及施工方法确定。其优点是稳定性好，施工方便，能承受较大的荷载。缺点是自重大，对地基条件要求较高。石料、混凝土等材料都可以修筑刚性扩大基础。

6. 桥梁说明

要提取桥梁工程中有用的桥梁信息，主要是混凝土等级、材料及尺寸信息等(图4-7)。

	A	B
1		桥面铺装:8cm水泥混凝土+6.0cm中粒式沥青混凝土(AC-20C)+4.0cm细粒式改性沥青混凝土(AC-13C)
2		基础:钻孔灌注桩
3		粉质黏土
4		(1)C40混凝土:现浇连续梁板; (2)C30混凝土:桥墩立柱、承台、桥台盖帽、台身、耳背墙、侧墙、挡块、支座垫石、防撞护栏及搭板;钻孔灌注桩采用C30水下混凝土。 (3)C20混凝土:人行道下过桥管线包管混凝土
5		采用HPB300钢筋和HRB400钢筋
6		支座采用普通板式橡胶支座及四氟板式橡胶支座，桥墩处采用GYZφ550×90板式橡胶支座，桥台处采用GYZF4φ350×66四氟板式橡胶支座
7		伸缩缝采用毛勒伸缩缝，伸缩缝两端采用钢纤维混凝土
8		桥梁中央分隔带设置防撞护栏;防撞护栏采用C30混凝土
9		为防止跳车，台设置6m钢筋混凝土搭板
10		本桥桥墩采用柱式桥墩，单柱1.2m钻孔灌注桩，上接1.5m高承台，立柱采用直径1.2m钢筋混凝土圆柱。桥台采用桩式桥台，1.2m钻孔灌注桩。台后设置6m搭板。
11		车行道桥面铺装采用4cm细粒式改性沥青混凝土(AC-13C SBS改性沥青)+6cm中粒式沥青混凝土(AC-20C)，+桥面柔性防水层+8cmC40水泥混凝土调平层
12		左幅非机动车道铺装：5cm中粒式沥青混凝土(AC-16C)+5cmSC40水泥混凝土
13		人行道铺装：6cm毛面花岗石+3cm水泥砂浆
14		右幅非机动车道铺装：5cm中粒式沥青混凝土(AC-16C)+水泥稳定碎石
15		桥面混凝土铺装内设置D10带肋钢筋网

图4-7 桥梁信息

7. 桩基础

当地基浅层土质不良，采用浅基础无法满足结构物对地基强度、变形和稳定性方面的要求时，往往需要采用深基础。桩基础是一种常用的深基础。

桩基础是由若干根桩和承台两部分组成，桩在平面上可排列成一排或几排，所有桩的顶部由承台连成一个整体。在承台上再修长桥墩、桥台及上部结构。桩身可全部或部分埋入地基中，当桩身露在地面上较高时，在桩与桩之间应加横系梁，以加强各桩的横向联系。如图4-8～图4-11所示。

桩基础的作用是将承台以上结构传来的外力通过承台由桩传到较深的地基持力层中。承台将外力传递给各

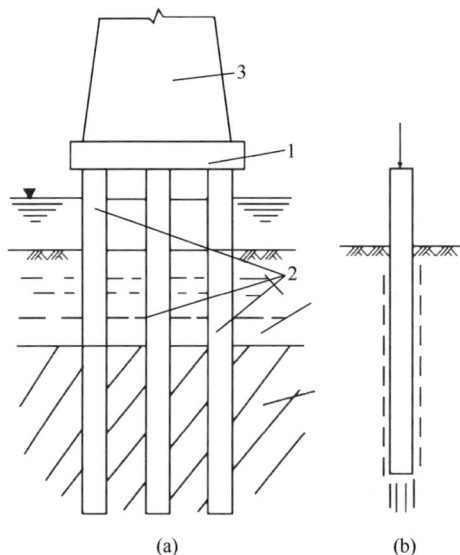

(a) (b)

图4-8 桩基础

1—承台；2—桩；3—桥台（墩）

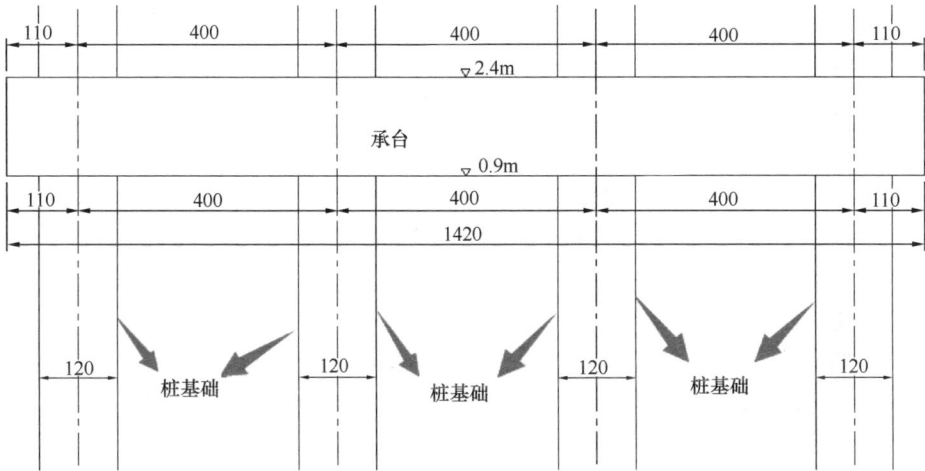

图 4-9　承台和桩基础图纸

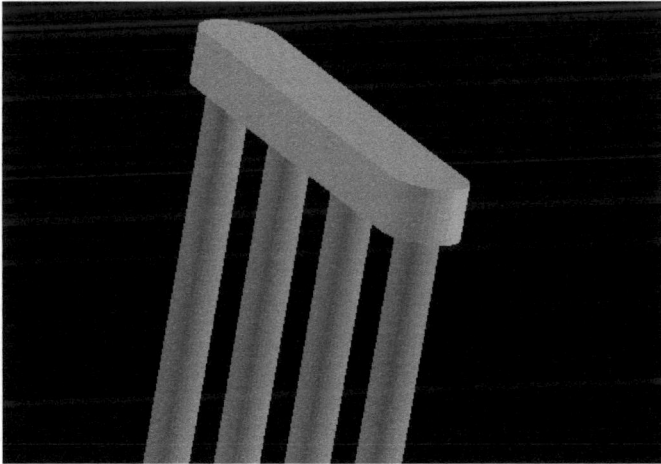

图 4-10　承台和桩基础三维图

桩并箍住桩顶，各桩共同承受外力。各桩承受的荷载由桩通过桩侧土的摩阻力及桩端土的抵抗力将荷载传递到土中。

（1）桩与桩基础的分类

1）按施工方法可分为钻孔法和打入法

钻（挖）孔灌注桩基础：用钻（冲）孔机械在土中钻成桩孔，然后在孔内放

图 4-11 现场桩基础

入钢筋骨架灌注桩身混凝土，最后在桩顶浇筑承台（或盖梁），称为钻孔灌注桩基础，其特点是施工设备简单、操作方便，适用于各种砂性土、黏性土，也适用于碎、卵石类土层和岩层。依靠人工（用部分机械配合）在地基中挖出桩孔，然后与钻孔桩一样灌注混凝土成桩，称为挖孔灌注桩，其特点是不受设备限制、施工简单。

打入桩基础：打入桩是通过锤击（或以高压射水辅助）将各种预先制好的桩（主要是钢筋混凝土实心桩或管桩，也有木桩或钢桩）打入地基内达到所需要的深度。这种施工方法适用于桩径较小（一般直径在 60cm 以内），地基土质为砂性土、塑性土、粉土、细砂以及松散的不含大卵石或漂石的碎卵石类土的情况。在软塑黏性土中采用重力将桩压入土中称为静力压柱，这种压柱施工方法免除了锤击的振动影响，是在软土地区特别是在不允许有强烈振动的条件下建造桩基的一种施工方法。

振动下沉桩：振动法沉桩是将大功率的振动打桩机安装在桩顶（预制的钢筋混凝土桩或钢管桩），利用振动力以减少土对桩的阻力，使桩沉入土中。打入桩及振动下沉桩均称为沉桩。

2）按基础受力条件可分为柱桩与摩擦桩

桩穿过较松软土层，桩底支承在岩层或硬土层（如密实的大块卵石层）等非压缩性土层时，基本依靠桩底土层抵抗力支承垂直荷载，这种桩称为柱桩；若桩穿过并支承在各种压缩性土层中，桩主要依靠桩侧土的摩阻力支承垂直荷载，则称为摩擦桩。

柱桩承载力较大，较安全可靠，基础沉降也小，但若岩层埋置很深，就需采用摩擦桩。

（2）桩基础的构造

施工方法不同，对桩基础的构造要求也不同。现仅将桥梁工程中常用的钻（挖）孔灌注桩的构造介绍如下：

钻（挖）孔灌注桩是就地灌注的钢筋混凝土桩，桩身常为实心断面，混凝土强度等级不低于 C20。钻孔桩设计直径一般为 0.18～1.50m，挖孔桩的直径或最小边宽度不宜小于 1.20m。桩内钢筋应按照内力和抗裂性的要求布设。为了保证钢筋骨架有一定的刚性以便于吊装，主筋不宜过细过少（直径不宜小于 14mm，每根桩不宜少于 8 根）。箍筋应适当加强，其直径一般不小于 8mm，中距为 200～400mm，对直径较大的桩或较长的钢筋骨架，可在钢筋骨架上每隔 2.0～2.5m 设置一道加劲箍筋（直径为 14～18mm）。

桥梁主要由桥跨（桥面）结构和桥墩桥台两大部分组成。

8. 桩承台

桩承台是指当桥梁采用桩基础时，在群桩基础上将桩顶用钢筋混凝土平台或者平板连成整体基础，以承受其上荷载的结构。桥梁桩承台的下面一般是桩基。如图 4-12、图 4-13 所示为图纸案例和三维示意图。

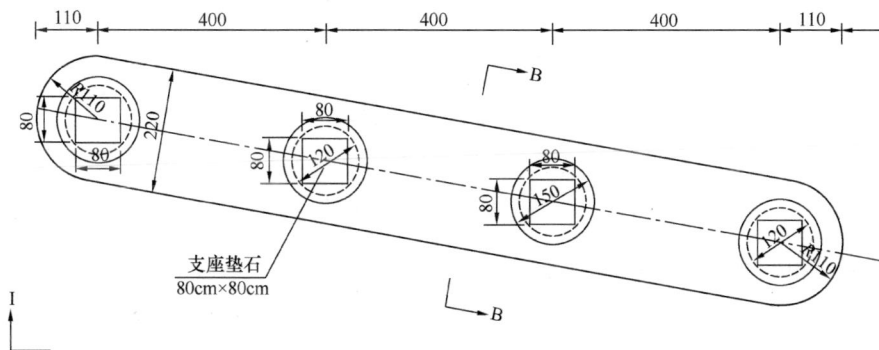

图 4-12 桩承台平面图

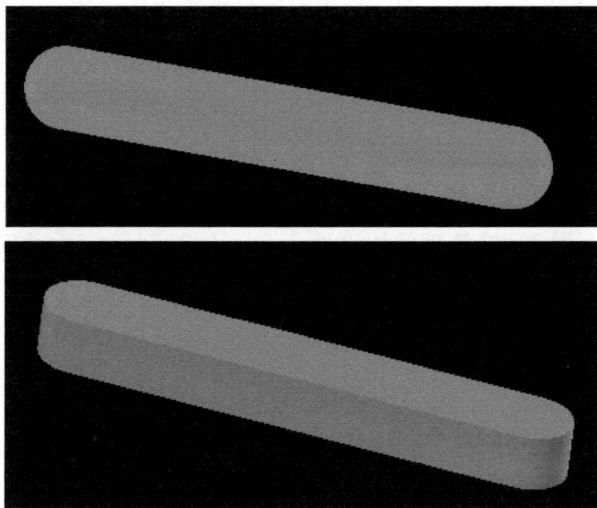

图 4-13　桩承台三维图

9. 桥墩

桥梁的桥墩（台）主要由墩（台）帽、墩（台）身和基础三部分组成。桥梁常用的墩（台）按其形式可划分为重力式墩台和轻型墩台两大类。

（1）重力式墩台（图 4-14～图 4-17）

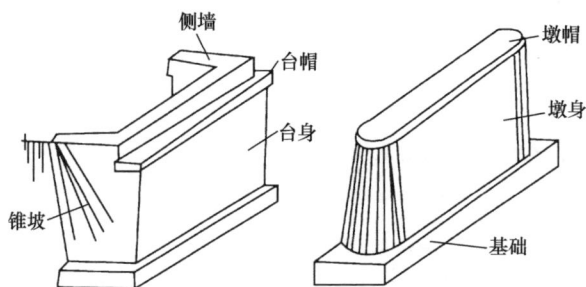

图 4-14　梁桥重力式桥墩

梁桥和拱桥的重力式桥墩，除了在墩帽构造上有所差别外，其他部分的构造外形大致相同。这类墩台的主要特点是依靠自身重量来平衡外力而保持其稳定。墩身比较厚实，可以不用钢筋，而采用天然石材或片石混凝土砌筑。它适用于地基条件良好

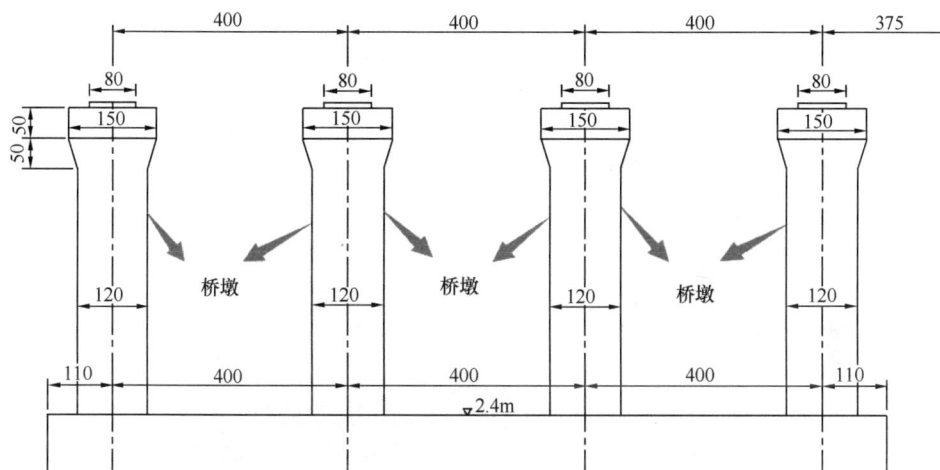

图 4-15　桥墩图纸

图 4-16　桥墩现场图

而漂浮物较多的河流，其缺点是圬工体积大，因而其自身和阻水面积也大。

　　墩帽：位置在桥身的顶部，强度要求较高，一般采用 C20 以上的混凝土或钢筋混凝土制成。墩帽的厚度，大跨径桥不小于 50cm；中、小跨径桥不小于 30cm。其顶面应做成 1/10 的排水坡，墩帽四周挑出 5～10cm 作为滴水。

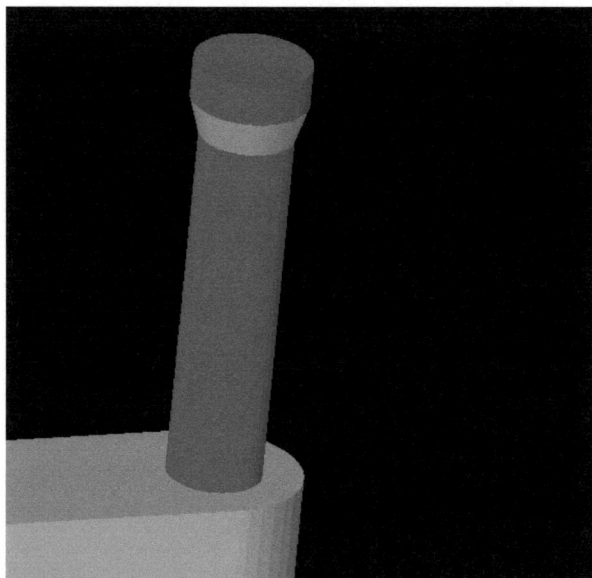

图 4-17　桥墩三维示意图

墩身：是桥墩的主体。重力式桥墩墩身的顶宽，小跨径桥不宜小于 80cm，中跨径桥不宜小于 100cm；大跨径桥的墩身顶宽，视上部构造类型确定。坡度一般采用 20∶1～30∶1，小跨径桥的桥墩可采用直坡。墩身采用 C15 或大于 C15 混凝土浇筑，或用浆砌块石和料石，也可采用混凝土预制块砌筑。

拱桥重力式桥墩与梁桥的重力式桥墩基本相同。拱桥桥墩的拱座相当于梁桥桥墩的墩帽，它是直接支承拱圈的部分，承受较大的拱圈压力，应用较高强度的块石、整体式混凝土预制块砌筑。肋拱桥的拱座要用高强度混凝土及钢筋网加固。双曲拱拱座常预留槽口并设一定数量的伸出钢筋，与拱板部分钢筋连接，拱肋插入槽口内，以增强主拱圈与桥墩的嵌固。

拱桥桥墩承受主拱圈双向水平推力。如果一孔不存在，桥墩就处于单向水平推力的作用下。普通桥墩不能承受单向水平推力，会发生倾倒。可把普通桥墩的尺寸加大，使之能够承受单向水平推力，成为单向推力桥墩。

（2）轻型墩台

当地基土质条件较差等情况时，常采用各种形式的轻型桥墩。轻型桥墩有下列形式：

1）钢筋混凝土薄壁桥墩（图 4-18）：钢筋混凝土薄壁桥墩墩身可以做得很薄（30～50cm），圬工数量相比重力式桥墩可节省 70% 左右，且施工方便，外形美观，过水性良好，适用于地基土软弱的地区。它的缺点是钢筋用量比较大，墩身刚性小，仅适用于墩高小于 7m、无强大流水和漂浮物的河流中。

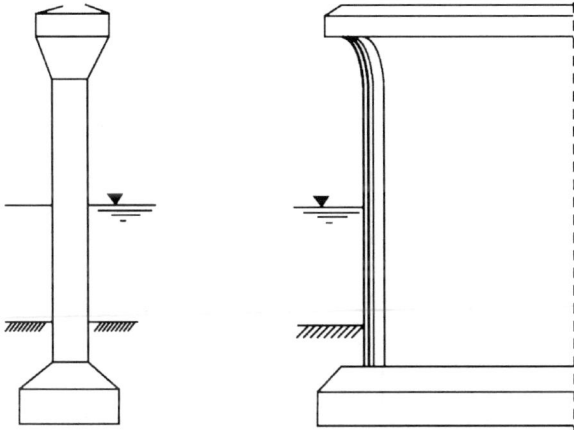

图 4-18　钢筋混凝土薄壁桥墩

2）桩（柱）式桥墩（图 4-19）：是桥梁中采用较多的桥墩形式之一。从外

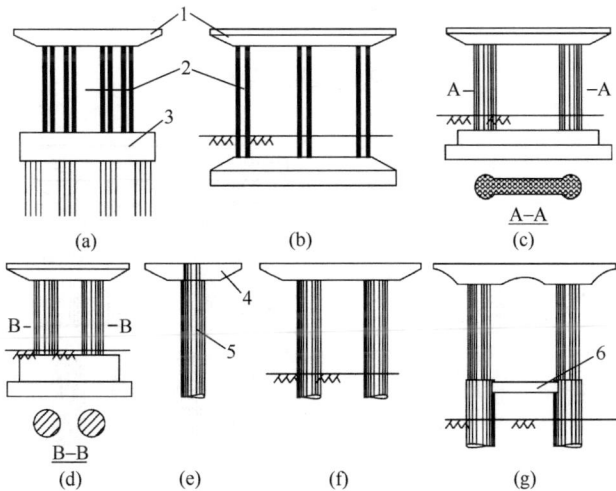

图 4-19　桩（柱）式桥墩

1—盖梁；2—立柱；3—承台；4—悬臂盖梁；5—单立柱；6—横系梁

形上可以将桩（柱）式桥墩分为单柱式、双柱式、多柱式和混合柱式桥墩。

桩（柱）式桥墩适用于许多场合和各种地质条件，且施工方便，墩身刚度大，桩（柱）内钢筋用量也不多，能减轻墩身重量，节约圬工材料，而且外形较为美观。

3）柔性排架桩墩（图4-20）：柔性排架一般采用较小截面的预制钢筋混凝土方柱、圆桩或钻孔灌注桩组成单排架或双排架形式的桥墩。它只适用于在低浅宽滩河流，在通航要求低、流速不大的水网地区河流上修造小跨径桥梁时采用。

4）拱桥轻型桥墩（图4-21）：一般为配合钻孔灌注桩基础的桩（柱）式桥墩，与梁桥的桩（柱）式桥墩非常相似。其主要差别是：在梁桥的盖梁（墩帽）设置支座，而拱桥的墩帽则是拱座。

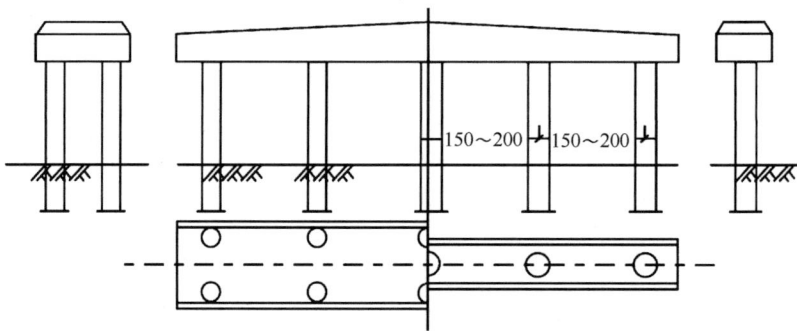

图 4-20　柔性排架桩墩

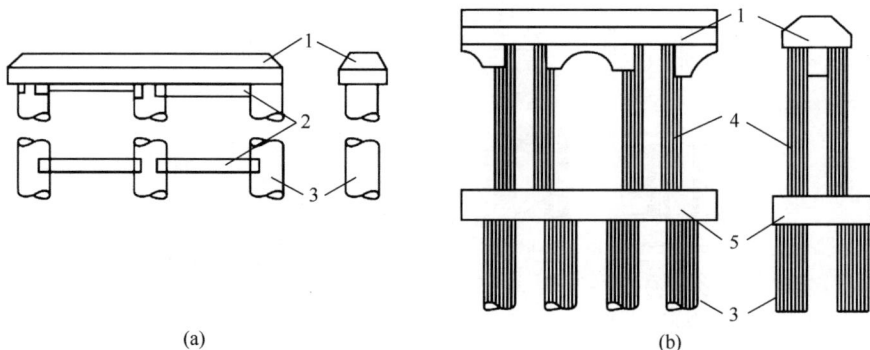

(a)

(b)

图 4-21　拱桥轻型桥墩

1—墩帽；2—横系梁；3—池柱桩；4—柱；5—承台

10. 桥台

桥台分为重力式桥台和轻型桥台。

（1）重力式桥台（图 4-22）

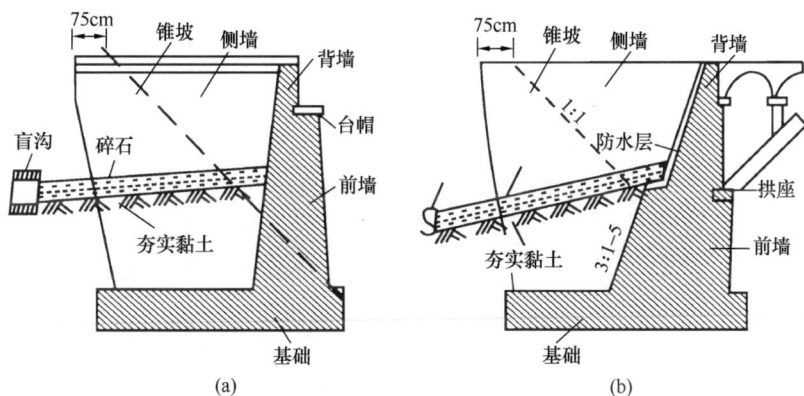

图 4-22　重力式桥台

梁桥和拱桥上常用的重力式桥台为 U 形台，它们由台帽（拱座）、台身和基础三部分组成（图 4-23～图 4-25）。从梁桥、拱桥桥台构造示意图中可以看出，二者除在台帽部分有所差别外，其余部分基本相同。U 形桥台的优点是构造简单，可

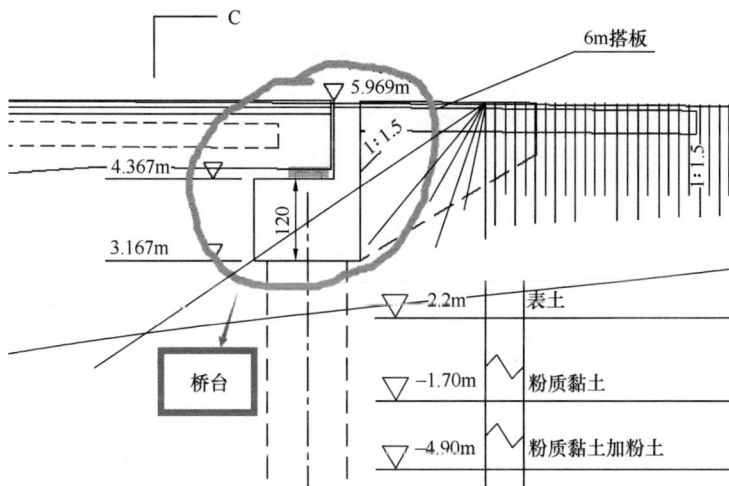

图 4-23　桥台图纸

以用混凝土或片、块石砌筑，适用于填土高度在 10m 以下或跨度稍大的桥梁；缺点是圬工体积较大，自重大，对地基的要求高。U 形桥台侧墙间填土容易积水、结冰、冻胀，使侧墙产生裂缝，所以宜用渗水性较好的砂性土夯填，并做好台身排水设施，侧墙两边需设锥形护坡，以保护路堤坡不受水流冲刷。

图 4-24　桥台现场图

图 4-25　台帽现场图

台帽一般位于桥台位置，所谓的台帽和盖梁其实是一个概念。一般在桥台的称为台帽，在桥墩的称为盖梁。台帽就是做在台身上面用来放置梁板等上部结构的一种构件（图 4-26）。

背墙，一般桥台承台以上（横桥向）的部位为背墙（图 4-26）。

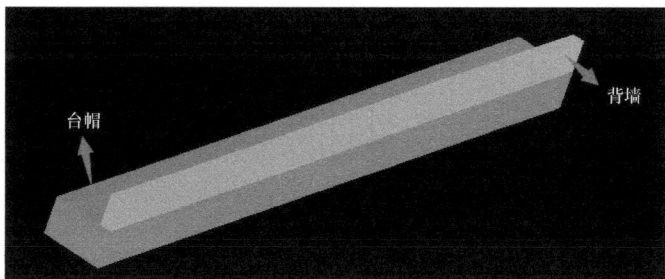

图 4-26　台帽和背墙

　　耳墙，在背墙两侧呈倒三角形的为耳墙，就像人的耳朵一样分布在两侧（图 4-27、图 4-28）。

图 4-27　耳墙（一）

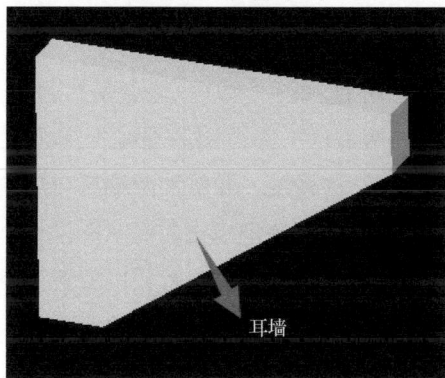

图 4-28　耳墙（二）

（2）轻型桥台

轻型桥台有下列形式：

1）钢筋混凝土薄壁桥台（图 4-29）：由扶壁式挡土墙和两侧的薄壁侧墙构成。挡土墙由厚度不小于 15cm（一般为 15～30cm）的前墙和间距为 2.5～3.5m 的扶壁组成。台顶由竖直小墙和支于扶壁上的水平板构成，以支承桥跨。侧墙由两个边扶壁构成。在边扶壁上建有钢筋混凝土耳墙。这种桥台不仅可以减小 40%～50% 的坮土体积，同时因自重轻而减小了对地基的压力，故适用于软弱地基条件，但其构造和施工比较复杂，并且钢筋用量也较多。

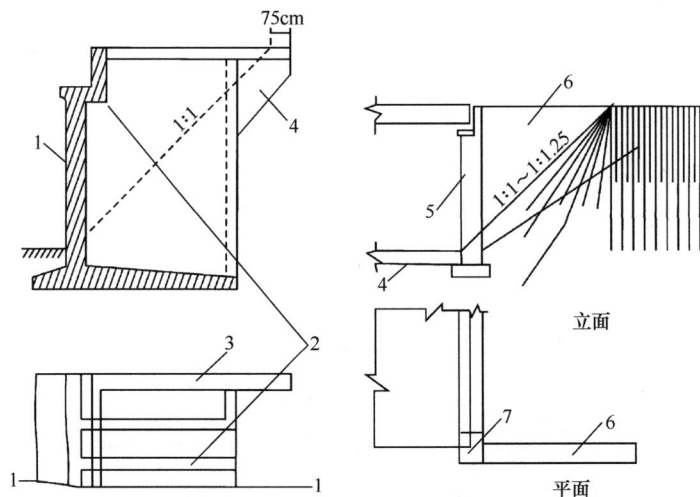

图 4-29　钢筋混凝土薄壁桥台

1—前墙；2—扶壁；3—侧墙；4—耳墙；5—台墙；6—边柱；7—支撑梁

2）设有支撑梁的轻型桥台（图 4-29）：特点是台身边是直立的薄壁墙，台身两侧有翼墙（耳墙）。在两桥台下部设钢筋混凝土支撑梁，上部结构与桥台通过锚栓连接，构成四铰框架结构系统，并借助两端桥台后的土压力来保持稳定。

3）埋置式桥台（图 4-30）：当路埋填土较高（6～8m）时，可采用埋置式桥台。它是将台身埋置在锥形护坡中，只露出台帽以安置支座及上部结构。埋置式桥台一般都带有耳墙，耳墙起着挡土和与路堤衔接及支持人行道的作用。这种桥台可用石料、混凝土和钢筋混凝土修建。

4）拱桥轻型桥台有空腹 L 形桥台、履齿式桥台、屈膝式桥台、组合式桥台

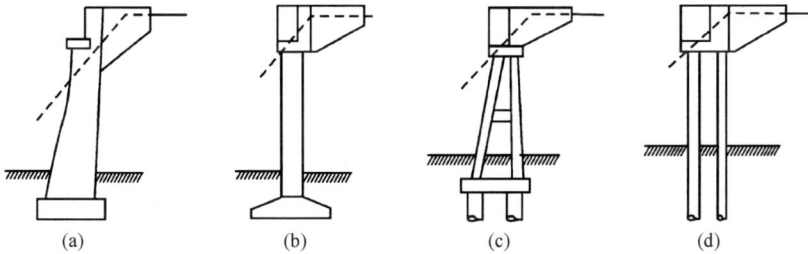

图 4-30　埋置式桥台

等。组合式桥台由台身和后座两部分组成（图 4-31）。台身基础承受竖向力，一般采用桩基础或沉井基础；拱的水平推力则主要由后座基底的摩擦力及台后的土侧压力来平衡。组合式桥台的台身与后座间必须密切贴合并设置沉降变形缝，以适应两者的不均匀沉降。

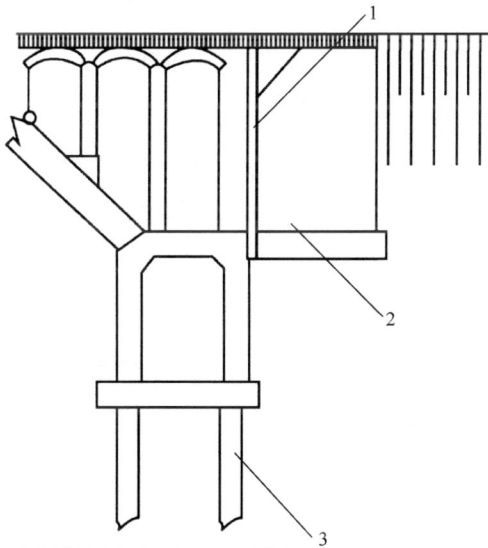

图 4-31　组合式桥台

1—沉降变形缝；2—后座；3—基桩

11. 桥梁支座

支座的作用是将上部构造的荷载传递到墩台，同时保证结构的自由变形，使结构受力情况与计算图式相符。简支梁桥一端用固定支座，另一端用活动支座。固定支座是固定上部结构在墩台上的位置，可以转动但不能纵向移动；活动支座可以保证在温度变化、混凝土收缩和竖向荷载作用下，上部结构能自由转动和移动。常用形式有垫层支座、平面钢板支座、切线式钢板支座、钢筋混凝土摆柱式支座、板式橡胶支座等。桥梁支座现场图如图 4-32 所示。

图 4-32　桥梁支座现场图

　　桥梁支座是连接桥梁上部结构和下部结构的重要结构部件，位于桥梁和垫石之间，它能将桥梁上部结构承受的荷载和变形（位移和转角）可靠地传递给桥梁下部结构，是桥梁的重要传力装置。有固定支座和活动支座两种。桥梁工程常用的支座形式包括：油毛毡或平板支座、板式橡胶支座、球形支座、钢支座和特殊支座等。如图 4-33～图 4-35 所示。

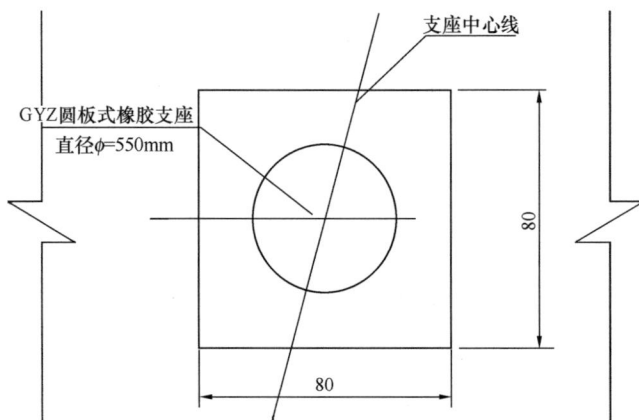

图 4-33　支座平面图

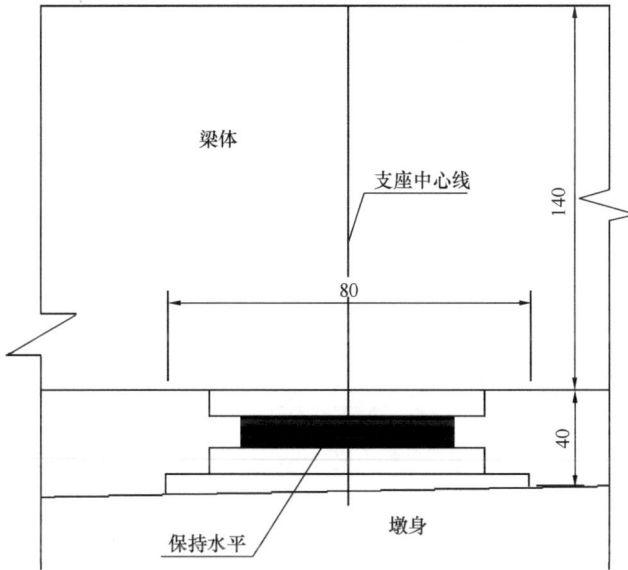

图 4-34　支座立面图

图 4-35　支座现场图

12．桥梁牛腿

牛腿，是梁托的别名。其作用是在混合结构中，桥梁搭板下面的一块支撑物，它的作用是将搭板支座的力分散传递给下面的承重物，因为一面集中力太大，容易压坏墙体。在古建筑中，牛腿的学名叫作"撑栱"。如图 4-36、图 4-37 所示。

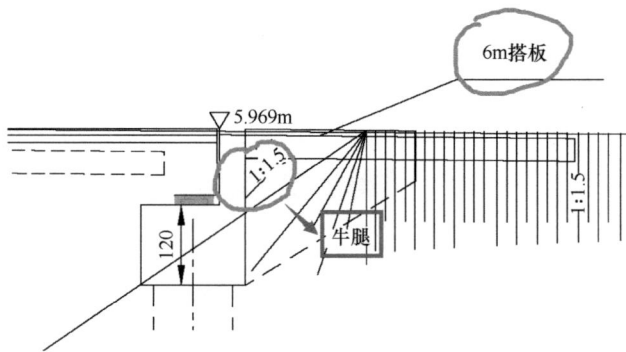

图 4-36　牛腿图纸

图 4-37　牛腿现场图

13. 搭板

搭板搁在牛腿上，用来连接道路和桥梁。

14. 桥面铺装

作用是防止车轮或履带直接磨耗行车道面，分散车轮的集中荷载。常用的桥面铺装类型有水泥混凝土、沥青混凝土和防水混凝土铺装。

为了迅速排出桥面上的雨水，桥面铺装的表面应做成横向 1.5%～2.0%的横坡。如图 4-38、图 4-39 所示。

图 4-38　桥面铺装平面图

图 4-39　桥面铺装现场图

15. 桥面排水和防水设施

桥面排水借助于桥面纵坡和横坡的作用迅速汇集雨水，并从泄水管排出。当桥面纵坡较大时可不设泄水管；防水层设置在桥面铺装层下面，它将透过铺装层渗下来的雨水止住，并汇集到泄水管排出，如图 4-40、图 4-41 所示。

图 4-40　排水管三维示意图

图 4-41　排水管现场图

16. 伸缩缝

当气温变化时，梁的长度也随之变化，因此在梁与梁之间、梁与桥台之间应设置伸缩缝。在伸缩缝处的栏杆和铺装层都要断开。伸缩缝的构造既要保证梁能自由变形，又要使车辆在设缝处能平顺、无噪声地通过，还要不漏水、铺装和养护简单方便。常用的伸缩缝有锌铁皮伸缩缝、钢板伸缩缝和橡胶伸缩缝等。如图 4-42、图 4-43 所示。

图 4-42　伸缩缝现场施工图

图 4-43　伸缩缝完成后

17. 人行道和安全带

在大型桥梁或城镇附近的桥梁应设置人行道，对于整体式桥，以往大多做成整体式悬臂人行道，目前无论是在整体式桥还是装配式桥，大多采用装配式人行道；在交通量不大或行人较少的地区，一般不设人行道，而改用安全带，如图 4-44所示。

图 4-44　安全带

18. 栏杆和灯柱

公路桥梁的栏杆、灯柱作为一种安全设备，应考虑其美观实用；对于重要的城市桥梁，在设计栏杆、灯柱时更应注意艺术造型上与周围环境和桥型相配合，如图 4-45 所示。

图 4-45　栏杆和灯柱

19. 板梁

钢筋混凝土板梁的构造板是小跨径桥梁最常用的形式。按其施工方法，可分为整体式板桥和装配式板桥。按其力学图式，则可分为简支板桥、连续板桥和悬臂板桥。应用最广的桥型是整体式简支板桥和装配式简支板桥。

整体式简支板桥一般采用等厚度板，具有整体性好、横向刚度大、易于浇筑所需要的形状等优点，在 5.0～8.0m 跨径桥梁上得到广泛的应用。

为了便于构件的运输、安装，装配式板桥一般沿桥宽划分成数块，其板宽通常为 1.0m，考虑到现场安装要有 1cm 的调整余地，预制板的实际宽度为 0.99m。这种板桥形状简单，施工方便，建筑高度小，质量易于保证。我国常用的装配式板桥，按其横截面形式主要有实心板和空心板两种。如图 4-46、图 4-47 所示。

图 4-46　板梁现场图（一）

图 4-47　板梁现场图（二）

装配式简支 T 形梁桥：由数根 T 形截面的主梁并列在一起装配连接而成。目前国内外广泛使用的有装配式钢筋混凝土简支梁桥和预应力混凝土简支梁桥。

钢筋混凝土简支 T 形梁桥常用跨径为 10～20m，主梁间距一般为 1.5～2.2m，横隔板在装配式梁桥中起着连接主梁的作用，其刚度越大，桥梁的整体性就越好。因此，T 形梁桥必须在跨内设 3～5 道横隔板。

一般情况下，装配式预应力混凝土简支 T 形梁桥都采用后张法施工。所谓后张法施工，就是先浇筑混凝土，待混凝土达到一定强度后再在构件中张拉钢筋。装配式预应力混凝土 T 形梁桥的常用跨径一般为 25～50m。

20. 圬工拱桥拱上建筑

拱上建筑为拱桥的桥面系统，通常采用实腹式和空腹式两种做法。

（1）实腹式拱上建筑由侧墙和拱腹填料组成。侧墙宽 0.50～0.75m，外坡垂直，内坡为 4∶1 或 3∶1，或根据计算确定。拱腹填料用来支承桥面，一般采用粗砂、砾石、碎石、煤渣等透水性良好的散料体，以防积水，造成冻胀。

（2）空腹式拱上建筑的构造如图 4-48 所示。

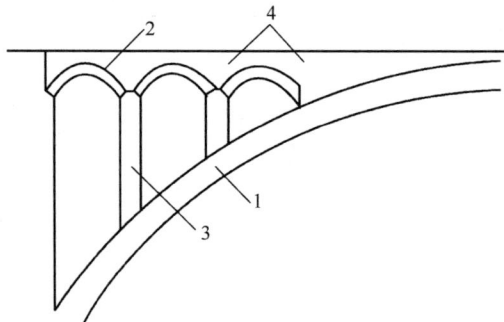

图 4-48　空腹式拱上建筑的构造

1—拱圈；2—腹拱圈；3—腹拱板；4—侧墙

大、中跨径的拱桥，特别是当矢高较大时，实腹式拱上建筑的填料用量多、重量大，因而以采用空腹式拱上建筑为宜。空腹式拱上建筑一般做成横向腹孔的形式，不设腹孔部分的构造与实腹拱相同。

砖、石拱桥的腹孔常用圆弧形的小拱，称为腹拱，其拱圈称为腹拱圈，支承腹拱圈的拱墩称为腹拱墩。

腹孔的布置都是对称的，每边 2～5 孔，视主拱圈的跨径大小确定。腹孔大多做成等跨的形式，不仅对腹孔墩的受力有利，而且便于施工。

拱上建筑的构造还包括伸缩缝和变形缝、桥面排水和防水等构造。

21. 主拱圈的构造

主拱圈是拱桥的承重结构，由于主要承受压力，故一般采用圬工材料建筑。

（1）板拱桥主拱圈的形状是桥纵向弯成弧状的一块板，故称为板拱，其横截面为实体矩形。这种主拱圈一般采用粗料石、块石或片石砌筑。

（2）肋拱桥的主拱圈将板桥拱纵向划分成两条或多条彼此分离、高度较大的拱肋，肋与肋之间由横系梁连接，这样就形成了肋拱桥的主拱圈（图 4-49（a））。它通常由混凝土或钢筋混凝土制成。

（3）双曲拱桥主拱圈在上述相邻拱肋之间，除设横向联系外，还放置拱波（小板拱），如图 4-49（b）所示，并在拱肋与拱波上现浇，使两者结合为一体的混凝土拱板，这样就形成了双曲拱桥的拱圈。这种主拱圈在纵、横桥向均呈曲线形。

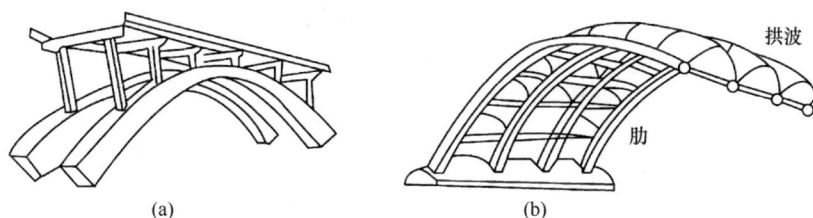

图 4-49　肋拱桥的主拱圈构造

（a）肋拱桥主拱圈；（b）双曲拱桥主拱圈

拱肋大多为钢筋混凝土结构，中、小型双曲拱桥也有采用石砌拱肋的。拱波一般为圆弧形，采用混凝土预制而成。拱板就是拱波上的现浇混凝土层。横向联系有拉杆、横系梁和横隔板等。

22. 桁架拱桥的拱上建筑

（1）桁架横片由上弦杆、下弦杆、腹杆和实腹段组成。

上弦杆与实腹段的上缘构成拱片的上边缘线，呈水平直线；下弦杆与实腹段的下缘构成拱片的下边缘线，呈拱形曲线。腹杆包括斜杆和竖杆，设置它们的目的是增强拱片的刚度和承载力。

桁架拱片的间距为 2m 左右，桥跨较大时可适当减少片数。

（2）为了将各桁架拱片连成整体，使之共同承受荷载，并保证其横向的稳定性，需在拱片之间设置横向联系（图 4-50）。

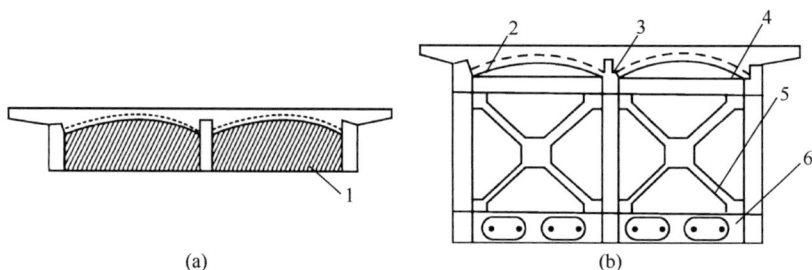

图 4-50　横向联系图

1—横隔板；2—预制弯板；3—填平层；4—拉杆；5—剪力撑；6—横系梁

（3）桥面一般由预制微弯板和现浇混凝土填平层组成。预制微弯板沿横桥向放置在拱片上面两边缘线之间。为了加强微弯板与桁架拱片的连接，可将拱片上边缘做成凸字形截面，并伸出锚固钢筋。

（4）上部构造与墩台连接时，下弦杆与墩台的连接可采用在墩台（帽）上留 10cm 深的槽孔，将下弦杆的端头插入，四周用砂浆填塞的做法。

23. 钢筋工程

用钢筋和混凝土材料做成的梁、板和桩等构件组成的结构物所代表的图形，称作钢筋混凝土结构图。钢筋混凝土结构图表示结构的尺寸、混凝土强度等级、钢筋布置情况以及钢筋编号、尺寸、规格、根数、钢筋详图和钢筋数量表、技术说明或附注等。

（1）钢筋基本知识

按其强度和品种不同，可把钢筋分为几个等级，如表 4-1、图 4-51、图 4-52 所示。

钢筋分类表　　　　　　　　　　　　　表 4-1

钢筋级别	图纸符号	钢筋牌号	外形
一级钢	Φ	HPB300 光圆	光圆
二级钢（已经取消）	Φ	HRB335 螺纹	带肋
	ΦF	HRBF335 细晶粒热轧钢	带肋
三级钢	Φ	HRB400 螺纹	带肋
	ΦF	HRBF400 细晶粒热轧钢	带肋
	ΦR	RRB400 余热处理钢筋	带肋
四级钢	Φ	HRB500 螺纹	带肋
	ΦF	HRBF500 细晶粒热轧钢	带肋
	ΦR	CRB550 冷轧带肋钢筋	带肋
	E	抗震钢筋	带肋

注：H—热轧；R—带肋；P—光圆；B—钢筋；300～500—钢号；

　　右上角 F—细晶粒热轧钢；右上角 R—余热处理钢筋；E—抗震钢筋。

二级钢筋取消的原因：价格与三级钢筋差不多，但是质量远远不如三级钢筋。

图 4-51　圆钢钢筋

图 4-52　带肋钢筋

1）带肋钢筋上字符标识：

XE：X 表示强度等级，如数字 4 表示 HRB400 级，也就是三级钢筋，如果后面紧跟字母 E 的话表示为抗震钢筋；如果是数字 5，则表示为 HRB500，也就是四级钢筋；如果是数字 3，则表示为 HRB335，也就是二级钢筋（已经取消）。

XX：表示钢筋生产厂商标志或代号，如 My 表示钢筋生产厂商。

XX：表示钢筋直径规格，如 16 表示钢筋的直径为 16mm。

2）钢筋每米的重量（kg）＝0.00617×钢筋的直径（mm）×钢筋的直径（mm）。

即每米的重量（kg）＝0.00617×D（mm）×D（mm）。

例如：2 Φ 25

每米的重量（kg）＝0.00617×25（mm）×25（mm）＝3.85（kg）。

（2）钢筋的作用和分类

按照钢筋在梁板内的作用不同，可分为：

1）受力钢筋，承受拉、压应力。

2）箍筋，因绕在钢筋的外面，好像一道道箍，故称为箍筋。其作用是固定受力钢筋的位置，因此箍筋与受力钢筋相交处用电焊焊牢或用 20 号铁丝扎牢，承受部分剪力。

3）架立钢筋，钢筋放在梁的上面受压力，将箍筋的上端位置固定好。箍筋和架立钢筋相反处仍要焊牢。另外架立钢筋承受部分压力。

4）荷载分布给受力钢筋，可以有效防止混凝土收缩以及温度变化引起的裂缝。

在桥梁工程图中，除钢筋直径的尺寸单位采用毫米外，其余尺寸单位均采用厘米。

（3）钢筋的弯曲

为了增加钢筋与混凝土的粘结力，在钢筋端部常做成弯钩，弯钩的形式有半圆、斜弯钩和直弯钩三种。

（4）钢筋混凝土结构图的内容

1）钢筋混凝土结构图的图示特点：

钢筋混凝土结构图主要表达结构钢筋的布置情况，因此，图中不画混凝土的材料符号。

结构外形轮廓画细实线，钢筋画粗实线（钢箍画中粗实线）。

断面图中，钢筋被切断后，用小黑点表示，钢筋重叠时可用小空心圆点表示。有时遇到钢筋之间的间距和净距的尺寸都比较小，画图时不能严格按比例来画，以免线条重叠反而不清楚，因此要适当放宽间隙的距离，使图形清晰。

2）钢筋的编号和尺寸标注的方式，如图 4-53 所示。

表示 3 根一级钢筋，直径为 6mm，钢筋之间的间距为 200mm，如图 4-54 所示。

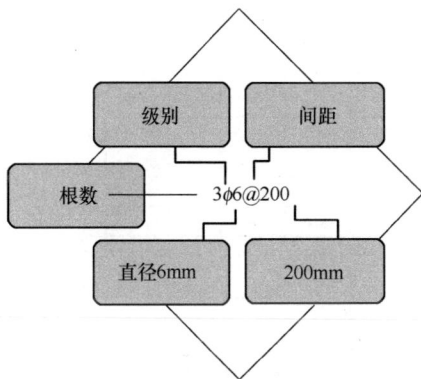

图 4-53　钢筋识别图

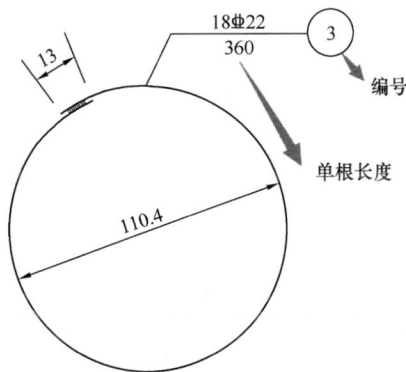

图 4-54　钢筋的表示

（5）桥梁工程中的钢筋

会有设计院直接给出钢筋图，形成表格，同时也有具体的钢筋详图。作为识图，我们只要看一下长度和根数是否正确即可，如图 4-55、图 4-56 所示。

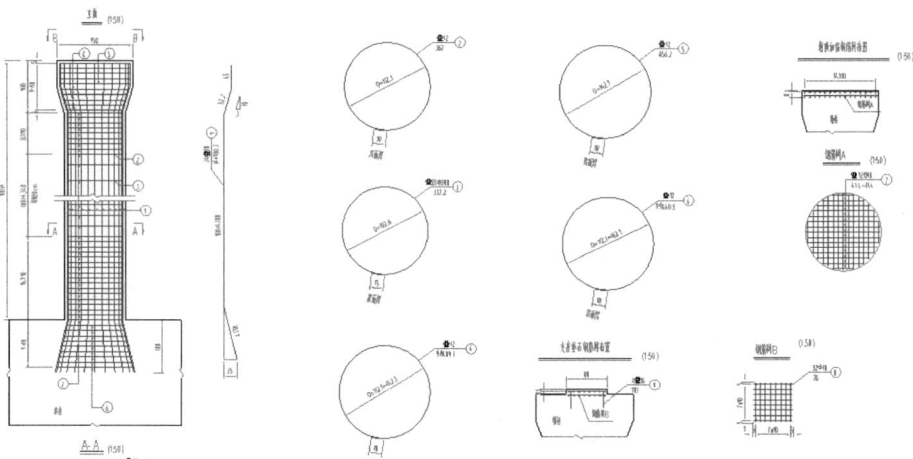

图 4-55　桥墩钢筋图

桥墩立柱钢筋数量表

1号桥墩2柱材料用量表（左幅）							1号桥墩3柱材料用量表（左幅）					
钢筋编号	直径(mm)	单根长(cm)	根数	总长(m)	单位重(kg/m)	总重(kg)	钢筋编号	直径(mm)	单根长(cm)	根数	总长(m)	单位重(kg/m)	总重(kg)
N1	⏀28	686.0	28	192.1	4.83	927.7	N1	⏀28	693.7	28	194.2	4.83	938.2
N2	⏀12	362.0	2	7.2	0.888	6.4	N2	⏀12	362.0	2	7.2	0.888	6.4
N3	85	337.2	3	10.1	4.83	48.9	N3	85	337.2	3	10.1	4.83	48.9
N4	⏀12	409.1	5	20.5	0.888	18.2	N4	⏀12	409.1	5	20.5	0.888	18.2
N5	⏀12	456.2	5	22.8	0.888	20.3	N5	⏀12	456.2	5	22.8	0.888	20.3
N6	⏀12	440.5	9	39.6	0.888	35.2	N6	⏀12	440.5	9	39.6	0.888	35.2
N7	φ10	92.7	60	55.6	0.617	34.3	N7	φ10	92.7	60	55.6	0.617	34.3
N8	⏀12	76.0	32	24.3	0.888	21.6	N8	⏀12	76.0	32	24.3	0.888	21.6
N9	⏀16	110.0	4	4.4	1.58	7.0	N9	⏀16	110.0	4	4.4	1.58	7.0
合计	钢筋重量（kg）			⏀28	976.6		合计	钢筋重量（kg）			⏀28	987.0
				⏀16	7.0						⏀16	7.0
				⏀12	101.6						⏀12	101.6
				φ10	34.3						φ10	34.3
	C30混凝土用量(m³)				6.6			C30混凝土用量(m³)				6.7

注：立柱柱高H以5.857m计。　　　　注：立柱柱高H以5.934m计。

图 4-56　钢筋表格